**라캉, 끝나지 않은 혁명**

EX CULTURA 엑스쿨투라 **05**

# 라캉, 끝나지 않은 혁명

알랭 바디우·엘리자베트 루디네스코 지음 | 현성환 옮김

**문학동네**

# 차 례

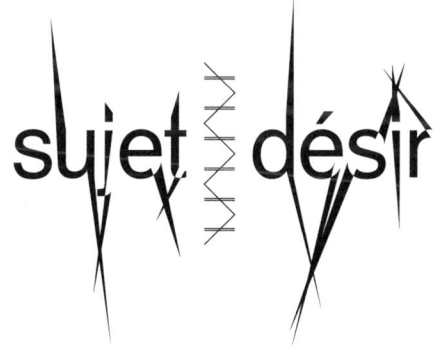

**일러두기**

1. 이 책은 Alain Badiou, Elisabeth Roudinesco, *Jacques Lacan, Passé Présent* (Seuil, 2012)을 옮긴 것이다.

2. 각주는 내용의 이해를 돕고자 대부분 옮긴이가 붙인 것이다. 단, 1부와 2부 시작 부분에 ●로 표시한 두 개의 주만 원주原註이다. 각주에 들어간 인용문에서 〔 〕 표시한 대목은 인용자가 덧붙인 것이다.

3. 원서에서 이탤릭체로 된 강조 부분은 이 책에서 굵은 글씨로 표시한다. '타자'의 경우 대문자 타자Autre 와 소문자 타자autre를 구분하기 위해 대문자 타자만 고딕체로 표시한다.

4. 단행본, 신문, 잡지는 『 』로, 논문이나 기사는 「 」로, 음악·미술·영화 제목 등은 〈 〉로 표시한다.

# 서문

이 책은 거의 40년 전으로 거슬러올라가 이야기를 시작하지만, 또한 2011년 9월 지그 피칸 서거 30주기를 기념하던 때의 결실이기도 하다. 우리는 오래전부터 알고 지내왔고, 언제나 같은 정치적 지향을 공유하지는 않았지만, 상호 차이에 대한 인정과 더 나아가 걸고 저버린 적 없는 우정을 근거로 오랜 기간 유익한 대화를 이어왔다. 프로이트에게 그토록 소중했던 고대 그리스 비극, 프랑스대혁명과 그 이야기들, 언어적 저항행위로서의 시, 영화와 정치적 참여에 대한 취향을 우리는 공유하고 있다.

우리의 친구인 자크 데리다가 세상을 떠나고 1년 반이 흐른 지난 2006년 4월, 우리가 좋아하는 철학자들—특히 알튀세르, 푸코, 사르트르, 캉길렘, 들뢰즈—에 대한 토론회가 열린 고등사범학교[ENS]에서 우리는 이브 뒤루[1]와 함께 다시 만났다. 2010년 3월, 렌에서는 에릭 에시만이 진행한 『리베라시옹』지[紙] 심포지엄에서 '노래하는 내일'² 을 환기하기 위해 또 대면했다. "행복의 법칙은 물건들을 마음대로 살 수 있는 시장에 가는 데 있는 것이 아니다"라고 우리는 생쥐스트³를 생각하며 말했다. 또 "오늘날의 재앙이란 행복의 반대인 건강주의hygiénisme와 규범이다"⁴라고도 했다. 우리는 종교적 광기도, 과학주의Scientisme⁵도, 미쳐 날뛰는 돈도, 과도한 평가도 좋아하지 않는다. 이것들은 이성의 이상들이 내버려졌다는 징후이다. 요컨대 우리는 정치적 참여가 노동과 엄밀함, 깊이 있는 지식과 같이 가야 한다는 확신을 공유한다.

그러니 언젠가 우리가 하나의 대화로 엮이리라는 것은 당연한 일

---

1 Yves Duroux(1941~ ). 프랑스 철학자. 고등사범학교에서 알튀세르에게 배운 제자 중 한 사람이다. 저술이 많지 않아 프랑스 밖에서는 별로 알려지지 않았지만, 프랑스 지식인 사회에서 그의 영향력은 만만치 않다. 1960년 고등사범학교에 들어간 뒤로, 알튀세르, 에티엔 발리바르, 자크 랑시에르 등과 『자본 읽기Lire le Capital』(1965)를 탄생시킨 세미나를 조직하는 데 일조했다.

2 좌파의 정치적 전망에서 찬란한 미래에 대한 이상을 표현하는 말로, 폴 바양쿠튀리에의 글에 아르튀르 오네게르가 곡을 붙인 〈청춘Jeunesse〉(1937)이라는 노래의 가사에서 유래되었다. 1941년 전시에 총살당한 코뮌주의자 가브리엘 페리의 사후 출간된 자서전 제목이기도 하다.

3 Louis Antoine Léon de Saint-Just(1767~1794). 프랑스혁명 시기 국민공회 내 급진좌파인 산악파의 핵심 인물이며, 로베스피에르의 열렬한 지지자였다. '테르미도르 반동' 때 체포되어 단두대에서 생을 마감했다.

4 원래 '위생hygiène'이란 19세기부터 발전하는 건강 유지 방식이지만, 문맥상 여기서는 '건강'을 지나치게 부각시켜 일상생활을 필요 이상으로 옥죄는 모든 조처를 의미한다. 건강주의와 나/너, 정상/비정상, 안정/불안정의 구분기준이 되는 규범들은 사회를 구성하는 법과 규제에 등치시킬 수 있다. 이러한 구분은 인간사회의 유지에 필수적이지만 과도한 사회적 규제들은 '주체'의 선택을 무화시켜 주체의 행복을 집어삼킬 위험이 있다. 사회적 윤리(당위)/개인의 선(행복)이라는 이 구분은 고대 그리스에서도 ethos/eudaimonia로 구분하고 있으며, 라캉의 구분법으로는 '금지'를 규정하는 타자·상징계의 언어적 차원과 이런 금지의 개입 이전 세계, 욕망이 무제약적으로 구현되는 이미지의 세계인 상상계의 구분에 상응한다. 라캉은 이러한 이분법을 넘어서는 제3의 영역인 실재계를 개입시킨다.

5 인과율에 근거한 자연과학의 방법론이 어느 분야에나 보편적으로 적용될 수 있으며, 진리에 대한 유일한 인식이라는 믿음.

라캉, 끝나지 않은 혁명

이었고, 그 대화는 '라캉, 30년 후'에 관한 것이 되었다. 우리는 오래 전부터 프로이트 사유의 혁신자인 라캉이 주체·욕망·무의식의 정치를 현실화할 수 있는, 소크라테스적 의미에서 한 사람의 선생 maître[6]이었다고 주장했다. 또 여기서 제시한 라캉에 대한 역사적이고 철학적인 이중의 접근이, 비록 일시적일지언정, 독자로 하여금 정치의 혁명과 주체의 혁명 사이의 관계들에 대한 핵심적 질문을 다시 제기하게 하리라고 확신한다. 그래서 우리는 이 확신을 두 목소리, 두 시기, 두 계기의 대화인 이 책『라캉, 끝나지 않은 혁명』으로 변모시켰다.

1부「정신분석의 철학자」에서는 우리 두 사람이 1960~70년대에 각자 라캉과 어떤 관계에 있었는지에 대한 개인적 생각들을 펼쳐놓는다. 2부「혼돈을 사유하다」에서는 라캉의 선구적 제안이 지닌 가장 타당한 측면들을 상기시킴으로써 현재의 모든 분파주의—공동체적 이상, 몽매주의, 무지에의 열광—를 비판한다. 이 분파주

---

6 소크라테스의 '산파술産婆術'에서 선생과 제자 관계를 염두에 둔 표현이다. 산파가 산모의 출산을 돕듯 선생으로서 소크라테스는 이미 정해진 죽은 지식을 일방적으로 전달하는 것이 아니라, 대화 상대자가 스스로의 이성능력을 발휘해 진리를 찾아가도록, 잊고 있던 이데아의 세계를 '상기'하도록 도와주는 안내자이다. 마찬가지로 라캉에게서 의사와 환자의 분석 관계는 분석하는 사람과 분석받는 사람의 일방적 관계가 아니다. 라캉은 분석받는 사람을 '분석수행자analysant'로 부름으로써 주체로서의 능동성을 강조한다. 정신분석가는 분석수행자가 자신을 구성하고 있는 '실재계'를 가늠케 하고 이를 올바로 끌어안을 수 있도록 돕는 역할을 한다. 이것이 라캉이 말하는 '분석가의 윤리'다. 문제는 어떻게 주체로 하여금 실재(무의식)를 담아내는 데 부적합한 이미지와 언어를 통해 실재에 다가갈 수 있도록 하는가이다. 라캉은 1960~61년 세미나에서 플라톤의『향연』을 주제로 다루면서 직접적으로 소크라테스에게 정신분석가의 위치를 부여하기도 했다. 그가 프로이트의 분석적 인간관계를 소크라테스의 철학적 물음에 상응하는 것으로 보았기 때문이다. 한편 프랑스어에서 maître는 '선생, 스승' 외에도, 타인에 대해 자신의 의지를 관철시켜 지배하는 '주인'이라는 뜻도 있다. 라캉의 네 담화 중 '주인 담화discours magistral'도 이와 관련된다. 또한 maître는 예술과 학문의 '거장'이나 '대가'를 의미하기도 한다.

의는 정신분석의 장뿐 아니라 정치의 장에서도 사유의 쇠락에 한몫
했다.

우리는, 지금 여기에서, 위기의 우리 사회가 고집스럽게 공론화
하고 있는 치명적인 불안 너머로, 어떤 미래를 떠올려보는 일이 새
로운 희망을 가능케 하리라고 믿고 싶다. 어쨌든 프로이트는 우리
의 내밀한 감각에 대한 어떤 비극적 이해를 공들여 만들었고, 이는
우리 시대를 특징짓는 '각자 자신을 위함chacun-pour-soi'과는 아주 동떨
어진 것이다. 이 창안이 다시금 혁명과도 같이 세계 속에서 하나의
새로운 관념이 되는 일을 생각해보지 않을 이유가 어디 있겠는가?

알랭 바디우
엘리자베트 루디네스코

1부 | 정신분석의 철학자

● 1부 대담의 일부분은 2011년 9월 『필로조피 마가쟁*Philosophie Magazine*』 52호에 「당신의 라캉을 택하라!Choisis ton Lacan!」라는 제목으로 게재되었다. 이후 마르탱 뒤뤼의 녹취본을 바탕으로 저자들이 대담 내용을 완전히 재검토해 수정·보강했다.

『**필로조피 마가쟁**』먼저 라캉과 관련해 두 분이 어떤 위치에 있는지부터 이야기해볼까요? 어떤 상황에서 라캉의 사유를 발견하셨나요?

**엘리자베트 루디네스코** 제 정신분석의 모험은 집에서 시작됐어요. 이미니 제니 오브리는 의사였고 버려진 아이들을 돌보셨죠. 어머니는 정신분석가이기도 했는데, 특히 런던에서 만난 존 보울비[7]와 안나 프로이트[8]의 치료 원리들을 프랑스에 들여왔습니다. 엄밀히 말해

---

**7** John Bowlby (1907~1990). 영국의 심리학자이자 정신분석가. 아동 심리와 발달을 주로 연구했으며 '애착 이론'이 유명하다.

**8** Anna Freud (1895~1982). 지그문트 프로이트의 여섯번째 딸로서, 아버지의 충실한 원조자이자 공식 후계자. 서른 살 무렵, 아버지에게서 직접 분석을 받고 정신분석가가 되었으며, 1938년 나치를 피해 오스트리아를 떠나 영국으로 망명했다. 아동정신분석 전문가로서, 경쟁관계에 있던 멜라니 클라인과 더불어 국제정신분석협회[IPA]를 주도했다. 하인츠 하르트만, 루돌프 뢰벤슈타인과 함께 라캉이 일관되게 프로이트의 학설을 왜곡하고 있다고 비난하는 '자아심리학'의 대변

서, 1953년부터 어머니는 라캉의 제자가 아니라 같은 길을 가는 동료였고, 프랑스정신분석협회<sup>SFP</sup>[9] 설립 때에도 함께 계셨어요. 라캉은 제 부모님이 이혼한 뒤로는 제 어머니와 새아버지(피에르 오브리) 집에 자주 들르곤 했어요. 그때 어머니는 라캉과 결혼한 지 얼마 안 된 실비아 바타유[10]하고 아주 친한 친구였어요. 당시 저는 기트랑쿠르의 프레보테에 있는 라캉의 시골집에 다녀오곤 했지만, 그 친숙한 분이 그런 대단한 사상가였을 줄은 상상도

───

자이기도 하다. 자아심리학은 프로이트가 1920년부터 개진하기 시작한 이드, 자아, 초자아라는 '정신의 2차 지형학' 해석에 기인한다. 이는 프로이트가 초기의 무의식, 의식, 전의식의 구분을 대체하여 제시했던 심리기제의 구성이론인데, 자아심리학의 지지자들은 이 새로운 구분으로 프로이트가 다시 자아에 집중하기 시작했다고 강조한다. 라캉은 이러한 '미국식 정신분석'이 자본주의 사회로의 동화를 목적으로 '자율적 자아'를 강조함으로써 주체의 분할을 말하는 프로이트의 본래적 사유를 오도하고 있다고 생각했다. 라캉의 '프로이트로의 복귀'는 바로 이 맥락에서 나온 것이다. 2012년 프랑스에서는 300여 통에 달하는 프로이트 부녀의 서신이 출간되었는데, 이 책의 공저자인 루디네스코가 서문을 썼다.

9 Société Française de Psychanalyse. 1910년 프로이트는 자신이 창안한 정신분석 운동에 동참하는 각국 단체들을 규합해 국제정신분석협회<sup>IPA</sup>를 설립한다. 그 목표는 정신분석을 '치료'와 '과학성'의 기반 위에서 발전시키는 동시에 분석가 육성의 규준을 마련하는 일이었다. 프랑스에서는 1926년 IPA의 산하기구로 '파리정신분석협회<sup>SPP</sup>'가 창설되었다. 정신의학을 공부하던 라캉은 1934년 SPP 회원이 된다. 하지만 1953년 분석가 훈련 방식 등을 둘러싼 SPP 내부 갈등 끝에, 다니엘 라가슈, 프랑수아즈 돌토, 리킹 등은 따로 프랑스정신분석협회<sup>SFP</sup>를 창설했다. 1953년 9월, 로마에서 열린 정신분석 학술회의에서 라캉이 발표한 「정신분석에서 말과 언어의 기능과 장」(일명 '로마 강연')은 SFP의 선언서와도 같았다. 한편 SPP 탈퇴로 자동적으로 IPA 회원 자격이 박탈되면서 이후 SFP는 IPA 측과 길고 긴 재가입 교섭에 들어간다. 하지만 가변적 상담 시간 등 라캉의 방식이 걸림돌이 된다. 결국 1963년 라캉은 IPA로부터 '파문'당했고, 1964년에 파리프로이트학교<sup>EFP</sup>를 출범시킨다. 정신분석 단체들의 이러한 국제적·지역적 분쟁과 갈등은 교리가 정착되지 않았던 초기교회의 논쟁들이나 코뮌주의 역사에서 펼쳐졌던 각국의 주도권 싸움과 전당대회를 상기시키는 면이 있다.

10 Sylvia Bataille(1908~1993). 프랑스 여배우로 장 르누아르 감독의 〈시골에서의 하루〉 등 여러 작품에 출연했다. 스무 살 때, 사상가이자 작가인 조르주 바타유와 결혼했다. 1934년 그와 헤어진 뒤, 1939년 라캉과 동거를 시작했고 1953년 정식 결혼했다. 바타유와 라캉과의 사이에 각각 딸을 하나씩 두었는데, 모두 정신분석가가 되었다.

못했죠. 나중에 청소년기에 접어들어서도 정신분석에는 전혀 흥미가 없었어요. 어머니가 그토록 관심을 가졌던 그 일을 제가 하고픈 생각은 별로 없었죠. 차라리 저는 소설을 쓰거나 영화 만드는 일을 꿈꾸고 있었어요. 그래서 문학 공부를 했고, 나중엔 언어학을 공부했어요. 『카이에 뒤 시네마』, 누벨바그, 할리우드 영화에도 열광하면서 말입니다.

1966년에 저는 알제리의 부메르데스에 가서 학생들을 가르쳤어요. 같은 해, 미셸 푸코의 『말과 사물』과 라캉의 『에크리$^{Ecrits}$』[11]가 출간되었죠. 정말 굉장한 순간이었어요! 클로드 레비스트로스가 시작하고, 루이 알튀세르가 1965년 『마르크스를 위하여』에서 이어간 구조주의[12]의 물결은 제게 정말 새로운 발견이었어요. 고등학교에서 들은 철학 수업들은 아주 끔찍했었는데, 그제야 놀라운 방식으

---

11 라캉의 주저로서, 그가 그때까지 발표한 30여 편의 주요 논문을 묶어 펴낸 대화이다. 처음 출판을 제안하고 편집을 맡은 이는 쇠유$^{Seuil}$ 출판사의 명편집자 프랑수아 발이다. 『에크리』는 라캉 이론의 기틀이 되었으며, 라캉학파에게는 '경전'처럼 받아들여진다. 이 책은 그 난해함에도 불구하고 학술서로서 유례를 찾아보기 힘든 대중적 성공을 거두었다.

12 구조주의$^{Structuralisme}$는 전통 형이상학의 존재론을 대체하는 일종의 관계론·결정론이다. 이 용어는 1960년대에 형성된 것으로, 20세기 초 페르디낭 드 소쉬르에서 출발하여 로만 야콥슨과 루이스 옐름슬레우 등의 언어학자를 거치면서 확립되었다. 기존 철학의 존재론이 일자와 실체에 근거하는 일종의 본질주의를 추구했다면, 이들은 언어의 체계와 그 구체적 발화를 연구함으로써 이를 탈실체화한다. 즉 언어학에서 언어는 독립된 개별요소로 이해되는 것이 아니라 서로가 서로의 관계에서 결정되는 기호들(기의/기표)의 체계로 파악된다. 그러니까 한 요소의 의미는 장기판의 말들처럼 체계 전체 안에서 그것이 차지하는 자리에 따라, 즉 유동적 전체의 규칙에 따라 결정되는 것이다. 클로드 레비스트로스는 상징적 산물들에 대한 이런 구조주의적 접근을 민속학에 적용함으로써 친족관계가 상징적 교환의 가능한 형태들 중 하나라는 것과 더 일반적으로 모든 소통의 형태가 그것이 지니는 무의식적 구조로부터 해석될 수 있음을 보여주었다. '구조'를 구성하는 상징체계의 요소들은 그것이 지칭하고 참조하는 선재적 현실이나 그것이 내포한다고 전제되는 개념적 내용에 의해 정의될 수 없다. 언어가 하나의 '의미'를 지닌다면 이는 이러한 상징적 요소들로 이루어지는 일련의 조합들과 그 구체적 자리들에서 연

로 글을 쓰는 철학자들과 사상가들을 알게 된 셈이죠. 저는 라캉의 『에크리』에 한껏 빠져들었어요. 라캉이 자양분을 얻은 구조주의 언어학(페르디낭 드 소쉬르에서 출발하여 로만 야콥슨이 발전시킨)을 잘 알던 터라 더 쉽게 빠져들었죠. 놀라운 장면이었어요. 제가 어머니에게 '그녀의' 라캉이 얼마나 훌륭해 보이는지를 확신에 차서 말하게 되다니요. 그러자 어머니가 말하시더군요. "내가 너한테 처음 말해줄 때부터 줄곧 그는 훌륭했어!" 이때부터 우리 두 모녀는 각자 다른 방식으로 접근하고 있던 시니피앙 이론[13]을 놓고 때로는 격렬하게 의견을 나누기 시작했어요.

저는 68혁명[14] 이후 소설 쓸 계획을 접었고, 인문학과 철학으로 방향을 틀었습니다. 뱅센 파리8대학(오늘날의 생드니)에서 츠베탕 토도로프의 지도로 문학 석사과정을 마치고 이어 박사학위를 받았죠. 『앙티 오이디푸스』에 관한 질 들뢰즈의 세미나도 들었는데,

원하는 것이다. 여기서 말하는 구조의 자리들은 기하학이나 물리학에서의 연장이 아니라 항들의 관계만을 문제삼는 위상학적인 것(유전자 생물학, 원자 물리학)이라 볼 수 있다. 이는 결국 전통적 의미에서 개체로서의 주체의 선택으로 보이는 것들이 실제로는 모든 제도와 문화적 생산물의 얼개를 구성하는 감춰진 구조에 의해 결정된다는 뜻이다. 라캉은 이러한 구조주의로부터 주체에 대한 새로운 해석의 단초를 발견함으로써 자아심리학에 대항할 수 있는 이론적 근거를 마련하게 되었다.

13  1953년 '로마 강연'을 기점으로 라캉은 '무의식은 언어처럼 구조화되어 있다'로 대표되는 독자적 이론을 전개하기 시작한다. 그의 문제틀은 1930년대에 '거울 단계'로 대변되는 상상계(주체의 자기동일시에 의한 정체성 획득)에 대한 강조로부터 주체의 상징계 진입(오이디푸스 콤플렉스)으로 전환된다. "'로마 강연'에서 최초로 하이데거 철학과 친족의 기본 구조에 입각해 주체와 언어와 발화를 연결시킨 이후 그는 이와 비슷한 방식으로 주체와 시니피앙의 관계 문제를 논리적으로 이론화하기 시작했는데, 이리하여 이제 그는 모든 존재론을 포기하게 된다. ……그는 시니피앙과 주체를 번갈아가면서 다루었다. 즉 홀수번째 세미나(1,3,5,7권 등)에서는 시니피앙을, 짝수번째 세미나에서는 주체를 다루었다. 이러한 배치는 또한 시니피앙의 우위와 관련된 라캉의 사고 체계의 핵심 주제에 따른 것이기도 했다."(엘리자베트 루디네스코, 『자크 라캉 2』, 양녕자 옮김, 새물결, 2000, 48-49쪽)

라캉, 끝나지 않은 혁명

이후 저는 세르주 르클레르[15]가 1969년에 세운 정신분석학과에서 가르치던 미셸 드 세르토[16]를 만나면서 역사로 전환했습니다. 그러고 나서 1972년에 루이 알튀세르를 만났죠. 라캉으로 말하면, 저는 1969년 팡테옹 법학과에 개설된 그의 세미나에 참석하기 시작했어요. 어머니가 라캉에게 제가 그의 가르침에 흥미 있어 한다고 알리자, 그는 곧장 저를 불렀습니다. 그 자리에서 라캉은 이렇게 외쳤어요. "이게 어떻게 된 거지? 나한테 오는 데 왜 이렇게 오래 걸린 거야?" 저는 제가 하던 일들을 말해주었죠. 앙리 들뤼가 주도하던 잡지 『악시옹 포에티크*Action poétique*』에 게재된 조르주 폴리체[17]의 저술

---

14  1968년 5, 6월 프랑스에서 일어난 대규모 사회변혁 운동으로 현대사의 중요한 전환점이 되었다. 낭테르 대학의 학생 시위가 시발점이 되어 시민과 지식인의 광범위한 참여와 노동계의 총파업으로 이어졌다. 68혁명은 알제리 전쟁(1954~1962)을 계기로 재집권한 드골 정권이 상징하는 프랑스 사회전통과 자본주의, 제국주의, 식민지 지배(베트남전쟁)에 반대하는, 정치·문화·사회 전 분야에 걸친 자발적 저항을 특징으로 한다. 1968년은 '프라하의 봄'으로 알려진 체코의 민주자유화 운동을 구소련이 탱크를 앞세워 짓밟은 해이기도 하다.

15  Serge Leclaire(1924~1994). 라캉의 첫 제자. 돌토, 라캉 등과 함께 프랑스정신분석협회SFP를 세웠고, 국제정신분석협회IPA에도 속해 있으면서 라캉과 IPA 간의 갈등을 중재하려 애썼으나 결국 실패했다. 1969년 파리8대학에 최초로 정신분석학과를 개설했으며, 나중에는 정신분석의 독자적 이론을 마련했다.

16  Michel de Certeau(1925~1986). 역사와 종교, 철학, 정신분석학을 넘나든 프랑스의 사상가이자 예수회 수도사. 종교사(특히 16~17세기 신비주의)를 시작으로 일상생활의 문화에 대한 연구에 심취했으며, 정신분석에도 경도되어 라캉이 세운 파리프로이트학교EFP 창립회원이기도 했다. 20세기 프랑스 지성사의 아주 독특한 인물인 세르토는 인문학, 특히 역사 부문의 혁신에 기여했다. 자신의 종교적 헌신에 충실했지만 68혁명에도 깊은 영향을 받았고, 현대성과 기독교의 위기라는 문제에 천착했다.

17  Georges Politzer(1903~1942). 헝가리 태생의 프랑스 철학자, 마르크스주의 사상가. 프로이트를 만난 뒤 심리학에도 많은 관심을 기울였으며, 유물론에 기반한 '구체적' 심리학을 주장했다. 『심리학 원리 비판』(1928)을 출간했고 프로이트 정신분석에 대해서 비판적 입장을 견지했다. 적극적인 레지스탕스 활동을 벌이다 나치에 붙잡혀 처형당했다.

을 연구하기 시작하던 때거든요. 아직 저는 정신분석에 발을 들일지 결정하지 못하고 있었는데, 라캉은 1964년 자신이 세운 파리프로이트학교EFP[18]에 가입하라고 끈질기게 요청했습니다. 마치 제 운명으로 되돌아가듯, 저는 제안을 받아들였어요. 라캉이 죽기 일 년 전인 1980년, 그 스스로 이 학교를 해산할 때까지 저는 그 일원으로 남아 있었습니다.

**알랭 바디우** 제 경로는 다릅니다. 젊어서 저는 확신에 찬 사르트르주의자였죠. 1958년과 1962년 사이 울름 거리에 있는 고등사범학교 철학과 학생이던 저는, 청소년기의 장폴 사르트르[19] 이후 두번째 스

---

18 Ecole freudienne de Paris. 라캉 일파가 IPA로부터 제명되고 프랑스정신분석협회SFP도 해산하면서 새로 설립한 단체. 여기에는 SFP 출신들 외에도 미셸 드 세르토, 코르넬리우스 카스토리아디스, 펠릭스 가타리, 뤼시 이리가라이 등이 참여했다. EFP를 통해 라캉은 사실상 자신만의 학파를 구축하게 되며, 점차 대중적 위상이 높아지면서 수많은 추종자를 낳았다. 1980년 심신이 쇠약해진 라캉은 스스로 EFP 해체를 선언했다.

19 Jean-Paul Sartre(1905~1980). 사르트르 소설 『구토』의 주인공 로캉탱은 이렇게 말한다. "모든 것은 우연으로부터 시작되는 거야." 이는 '무'의 심연 위에 매달린 존재, 사태적 우연성 facticité에 의해서만 정당화될 수 있는 실존의 발견과 관련 있다. 이 실존에는 신도 가치도 미리 주어지지 않는다. 세계에 내던져진 이 현존재에게 미리 주어지는 의미란 없다. 그러나 이 무와 우연의 발견은 자아의 초월성과 짝을 이룬다. 개인은 대자존재l'être-pour-soi로서 자신의 의식을 통해 스스로가 항상 실존 밖으로 내던져져 있음을 깨닫는다. 이 깨달음은 관습적 의미체계로부터 분리시켜 그를 '불안'하게 하기도 하지만, 또 그가 이 실존에 의미를 부여하기로 '결심'할 수 있는 배경이기도 하다. 이러한 '자아의 초월성'이 곧 '자유'이다. 자유는 결국 실존에 내재하는 하나의 구멍, 결여이다. 자아는 자기 실존의 기반 위에서만 고유하게 존재할 수 있는 가능성들을 펼침으로써 '자유의 길'을 걸을 수 있다. 이러한 실존적 결의는 하나의 계획이자 목표에 다름 아니며, 사르트르가 자신에게 깊은 영향을 미친 후설의 의식 '지향성' 개념을 재해석한 것으로 볼 수 있다. 개인적 실존주의의 경향을 보이던 사르트르는 2차대전 중 레지스탕스에 적극 가담했고, 이후 행동하는 지식인의 대명사로서 프랑스 현대사의 주요 사건들에 등장한다. 이제 그에게 자유는 항상 '상황' 속에서, 즉 우리가 처한 조건들 속에서 그것을 넘어섬을 의미했다. 이러한 도전은 그를 코뮌주의에 동참하도록 만들었다. 스탈린 체제의 범죄와 마르크스주의적 이상 사이에서 카뮈와 논쟁을 벌이기도 했고, 1960년에는 자신의 실존주의 위에 마르크

승인 루이 알튀세르[20]를 만났어요. 이는 양 극단의 충돌[21]과도 같았죠! 사르트르가 마르크스에 대한 실존주의적 이해를 제안하던 바로 그때, 알튀세르는 인본주의적 장신구들을 제거함으로써 마르크스를 다시 읽자고 제안했습니다. 그러다 정말이지 너무도 우연히 저는 잡지 『정신분석 *La Psychanalyse*』 창간호를 보게 됐는데, 거기에 라

---

스주의를 재정초하려는 시도가 담긴 『변증법적 이성비판』을 출간했으며, 1968년 5월에는 거리시위에 직접 참여했다. 혁명에 소극적이던 라캉과 달리 사르트르는 바디우가 가담했던 마오주의 운동의 정신적 후견인 노릇을 할 만큼 적극적이었다. 그에게 철학은 단지 정치에 대한 성찰일 뿐 아니라 성찰의 자유, 비판이며 사회참여, 즉 구체적으로 행사하는 지적 활동이었던 것이다. 잡지 『레 탕 모데른*Les Temps Modernes*』과 신문 『리베라시옹*Libération*』을 창간했다.

20 Louis Althusser(1918~1990). 마르크스주의 철학자로, 1960년대 프랑스 구조주의 물결의 핵심 인물이다. 1948년 고등사범학교 교수가 되었고 같은 해 프랑스공산당에 입당했다. 탈스탈린주의 시대에 알튀세르는 구조주의에 바탕을 둔 마르크스에 대한 새로운 '독법'으로 마르크스주의를 탈교리화하고, 그에 대해 과학적 엄밀함을 부여하려 노력했다. 알튀세르는 이론적 반인본주의에 방점을 두었는데, 왜냐하면 이 인본주의 신화가 자본주의 생산관계에 근거한 이데올로기적 권력관계를 나타낼 뿐이라고 보았기 때문이다. 알튀세르 눈에는, 종교가 인간 욕망의 투영이며 소외라고 말한 포이어바흐도 이 원초적 인본주의 원리에서 벗어나지 못하고 있다. 그의 인간적 유물론은 여전히 개인들을 주체로 상정하는 부르주아 사본주의사회의 토대를 벗어나지 못한 것이다. 알튀세르는 마르크스가 『독일 이데올로기』를 기점으로 이러한 인본주의에서 벗어나 (잉여)가치, 생산력, 생산관계, 상부·하부구조 등에 대한 구조적 문제틀로 이행하고 있다는 '인식론적 단절'을 말한다. 『자본 읽기』에서 알튀세르가 말하는 '진정한' 주체들은 경제적 구조 안에서 결정되는데, 그들은 생산관계들에 의해 결정되는 자리들을 차지하는 현실의 개인들이 아니라 바로 그 구조적이고 위상적인 자리들 자체이다. 이러한 관점에서 인간은 사회계약이나 분업의 최고 원리인 것이 아니라 이미 제도화된 경제적·사회적 기능들의 담지자일 뿐이다. 라캉의 '프로이트로의 복귀'는 알튀세르의 이러한 '마르크스로의 복귀'에 깊은 영향을 미친 것으로 보인다. 프랑스인들에게 알튀세르는 '인식론적 단절'이나 '중층결정' 같은 개념의 창안자로서보다는, 1980년 정신착란 상태에서 아내 엘렌을 살해해서 사회면을 떠들썩하게 장식했던 철학자로 더 기억에 남아 있다.

21 2차대전 후 프랑스의 지적 분위기는 자아의 의식을 출발점으로 무제약적 자유를 전제하는 실존주의(사르트르)와 가혹한 필연성("인간의 본질이란 고립된 개인에 내재하는 자기의식이라는 추상성이 아니라 사회적 관계들의 총체"라는 마르크스의 견해에 따른)을 전제하는 구조주의(알튀세르)의 대립으로 특징지을 수 있다. 이 두 경향은 자유에 대한 관점을 기준으로 마르크스주의가 양분된 것으로 볼 수 있는데, 라캉의 정신분석은 이 두 모순된 경향에 대한 불가능한 조합을 시도한 것이기도 하다.

캉의 저 유명한 '로마 강연'(「정신분석에서 말과 언어의 기능과 장」, 1953)이 실려 있었죠. 그 텍스트는 말 그대로 저를 사로잡았습니다. 저는 진정으로 **텍스트적**textuelle 매혹을 느꼈는데, 지금까지도 저와 라캉과의 이론적 관계는 늘 글이 매개가 되었어요. 그 최초의 발견 이후 저는 계속해서 『정신분석』을 구해 보았고, 논문들에서 라캉을 참조하기 시작했죠. 저의 이런 라캉 차용에 매우 흥미를 보였던 알튀세르는 생탄 병원에서 열리던 라캉 세미나[22]에 저를 데려갔습니다. 그때가 1961~62년 즈음이에요. 그렇게 해서 알튀세르의 요구로 저는 고등사범학교에서 라캉의 사유에 대해 처음엔 하나, 나중엔 두 개의 리포트를 제출한 첫 학생이 되었습니다.

**루디네스코** 그럼 프로이트도 읽었나요?

**바디우** 물론이죠! 저는 고등사범학교 입학 첫해부터 프로이트를 체계적으로 읽는 데 몰두했어요. 그때 우리는 프로이트가 여러 인문과학으로 통하는 지표 중 하나라고 생각했고, 몇몇은 그런 인문과학들이 철학적 관념론을 '진정한' 유물론으로 대체할 거라고 믿었습니다. 그러나 저는, 명확해 보이는 연속성 너머로, 프로이트와 라캉의 작업 사이에 있는 근본적 차이를 곧장 알아보았어요. 라캉은

---

22 라캉의 '세미나'는 1953년 생탄 병원에서 시작해 생애 말년까지 계속된다. 1963년 IPA로부터 파문당한 라캉이 고등사범학교에서 자신의 세미나를 계속 이어간 데에는 알튀세르의 역할이 컸다. 알튀세르는 「프로이트와 라캉」이라는 유명한 글을 『누벨 크리티크La Nouvelle Critique』에 싣기도 했고, 고등사범학교 학생들에게 라캉을 중요한 사상가로 각인시켰다. 당시 알튀세르와 라캉의 제자들이 모여 창간한 잡지가 바로 『분석을 위한 노트』이다.

라캉, 끝나지 않은 혁명

그야말로 혁신적이었거든요.

**루디네스코** 너무도 혁신적이어서 라캉 읽기는 수많은 지식인의 프로이트 읽기에 깊은 영향을 미칠 정도였죠. 저도 그랬고요. 저는 프로이트를 읽기 전에 라캉의 저작을 먼저 읽었어요. 그러니 저의 프로이트 읽기는 '라캉적'이었던 셈이죠. 그렇지만 프로이트가 이미 라캉적이었다는 식으로 프로이트의 저작을 라캉의 저작과 뒤섞어서는 안 됩니다.

**바디우** 어쨌든 제가 보기에 라캉은 곧바로 지식인 세계에서 중요한 인물로 받아들여졌어요. 그가 출간한 것이라고는 잘 찾기도 힘든 소논문 몇 편뿐이었는데도 말이죠.

**루디네스코** 그건 라캉에게 커다란 비극이었어요. 1966년 이전, 그러니까 그의 글들이 『에크리』로 모아지기 이전에는 그의 책을 찾아볼 수 없었으니까요. 모든 것이 여기저기 흩어져 있는 상태였죠.

**바디우** 바로 그 1966년에 저는 랭스 고등학교에서 철학 교사로 있었어요. 마찬가지로 랭스에 있던 프랑수아 레뇨[23]를 통해서 저는 저보다 조금 젊은 고등사범학교 학생 그룹이 시작한 라캉적 마르크스주의 성향의 잡지 『분석을 위한 노트 *Cabiers pour l'analyse*』[24]를 만드는 데 가

---

23 François Regnault(1938~ ). 철학자이자 극작가, 번역가. 푸코, 알튀세르, 라캉 등과 가까웠다. 라캉과 연극에 관한 여러 책을 집필했다.

담했습니다. 거기엔 프랑수아 레뇨 말고도 자크알랭 밀레,[25] 장클로드 밀네,[26] 이브 뒤루, 알랭 그로스리샤르 등이 있었어요. 제가 처음 잡지에 기고한 글 두 편[27]은 수학적 논리—그 당시에, 그리고 이후에도 줄곧 제가 대단한 열정을 품고 있던 주제 중 하나—와 아주 밀접한 관련이 있었는데, 명백히 라캉을 참조한 것이었죠. 비판적 논조를 띠면서 신중하게 거리를 두었지만 말입니다. 일례로 저는 과학의 주체$^{un\ sujet\ de\ la\ science}$가 있다는 라캉의 생각[28]에 의문을 제기했어요. 그 지점에서 저는 여전히 알튀세르주의자이죠. 왜냐하면 제 생각에 과학은 어떤 탈-주체적$^{a\text{-}subjectif}$ 과정으로 되돌아가는 것이니까요. 그때가 1966~67년 즈음이라는 걸 염두에 두셔야 합니다. 제

---

24  고등사범학교 출신의 젊은 철학자들이 만든 잡지로, 1966년에서 1969년까지 10회 발행했다. 캉길렘, 라캉, 알튀세르를 따르던 이들이 주축이었으며, 구조주의와 정신분석의 결합을 모색했다. 68혁명 시기에 이들의 상당수는 '프롤레타리아 좌파$^{GP}$'에 가담했고, 마오주의를 지지하기도 했다.

25  Jacques-Alain Miller(1944~  ). 철학자이며 정신분석가. 라캉의 사위로서 라캉의 모든 저작물에 대한 법적 상속인이다. 처음에는 알튀세르의 제자였다가 라캉을 만난 뒤로 정신분석에 투신했다. 훗날 라캉은 밀레에게 자신의 '세미나' 시리즈 출간에 대한 전권을 주었는데, 밀레가 편집한 판본(특히 라캉 사후에 출간된 판본들)이 라캉 세미나를 온전히 복원한 것이냐를 두고 논란이 있는 것도 사실이다. '세미나' 시리즈 출간 작업은 지금도 진행중이다.

26  Jean-Claude Milner(1941~  ). 언어학자, 철학자, 에세이스트. 자크알랭 밀레와 같은 시기에 고등사범학교를 다녔고 알튀세르, 라캉과 친밀한 관계를 유지했다. 1968~71년 마오주의 운동에 가담하기도 했다. 롤랑 바르트와 로만 야콥슨의 영향을 크게 받았다.

27  「미분적 전복」과 「표기와 결여: 0에 대하여」를 말한다.

28  1965~66년 고등사범학교에서 열린 라캉의 첫 세미나 '과학과 진리'의 내용에 대한 언급이다. 여기서 라캉의 독창적인 주체 해석은 데카르트에 기대고 있는데, 그는 근대 과학혁명의 이론적 문맥에서 주체를 과학의 순수한 상관항, 즉 공간을 차지하지 않는 점 형태의 주체, 형식으로서의 주체로 보았다. 이럴 경우 주체를 생물학적·심리적 개인과 동일시하는 것은 불가능해진다. 라캉의 주체는 이처럼 자아로서의 주체가 아니라 무의식의 주체, 담화의 상징적 질서에 종속(sujet의 또다른 의미)되는 '시니피앙의 주체'이며 그 구성적 분할로부터 도출될 수 있다.

삶을 송두리째 바꿔놓았고, 저를 오랜 동안 정치적 사유/행동으로 내몰게 될 68혁명 이후의 폭풍우가 몰려오고 있었죠.

**루디네스코** 제 경우에는 라캉 읽기가 구조주의의 중단에 더 가까웠다면, 당신에게는 사실상 어떤 정치적 단절과 함께 이루어졌던 셈이네요.

**바디우** 저는 마침내 라캉을 개인적으로 만나게 됐어요. 1969년이었죠. 지금 돌이켜보면 그때 라캉에겐 모든 것이 다급했던 것 같아요. 그는 아주 급히 나를 보았으면 했어요. 낮에는 제가 공장과 집회 등에서 투쟁하느라 바빠 연락이 닿지 않았기 때문에, 전화로 이야기할 수도 없었습니다.[29] 어쨌든 그러다 시간을 내 점심을 같이하기로 했어요. 라캉은 아주 매력석이었고, 나를 사기편으로 끌어들이려고 했죠. 엘리자베트, 당신에게 그랬듯 아주 힘있는 목소리로 말하더군요. "어째서 좀더 일찍 날 보러 오지 않은 거죠?" ……그렇지만 저는 파리프로이트학교에 가담하지 않았고, 정신분석가가 되지도, 정신분석을 받지도 않았어요. 디방<sup>divan</sup>[30]에는 무관심했죠. 저에게 라캉은 처음부터 끝까지 가장 핵심적인 사상가였지 정신분석가

---

29  1969년 파리8대학에서 가르치던 바디우는 사회당 투사들을 규합하여 마오주의 강령을 따르는 프랑스코뮌주의자연맹<sup>UCF</sup>을 결성했다. 그는 맹렬한 행동주의에 입각해 빈민촌에서의 노동과 '혁명 진영'의 건설·교육에 투신했다. 나중에 바디우는 이때를 회고하며 철학과 정치를 동일선상에 두었던 이러한 행동주의를 초기의 '방황'이었다고 언급한다.

30  팔걸이와 등받이가 없는 긴 의자로 정신분석의 상징물처럼 여겨진다. 분석시 피분석자의 침상으로 쓰인다.

선생은 아니었거든요. 언제나 글$^{écrit}$에 최우선권을!$^{31}$ 바로 그런 이유에서 라캉은 제 철학 작업에서 중요한 자리를 차지하고 있죠. 저의 첫 종합적 저술인 『주체 이론$^{Théorie\ du\ sujet}$』(1982) 때부터 이미 그랬습니다. 라캉은 저의 지적 지평에 늘 있어왔고, 계속해서 그럴 겁니다.

**『필로조피 마가쟁』** 철학 일반에 대해, 특히 당신의 고유한 사상에 대해 라캉이 기여한 바를 소개해주시겠어요?

**바디우** 라캉의 이론적 저작이 저의 고유한 철학적 움직임 속으로 들어올 수 있었던 것은 그것이 주체$^{sujet}$ 문제에 대해 아주 독특한 하나의 입장을 정의하고 있었기 때문입니다. 1960년대 초, 저는 다른 젊은 철학자들과 마찬가지로 특수한 상황에 처해 있었어요. 앞서 말했듯, 저는 확신에 찬 사르트르주의자였어요. 그런데 알튀세르의 영향도 있었고, 사르트르가 대표하던 현상학과 단절할 때가 찾아온 겁니다. 어째서 그런 피할 수 없는 단절이 있었을까요? 후설이 창안한 뒤로 현상학은 주체의 사유를 의식 철학으로 몰아갔습니다. 현상학은 즉각적이고도 원초적인 체험에 뿌리를 두고 있어요. 여기서 주체는 의식, 그리고 나에게 일어나는 일에 대한 투명한 이해와 혼동되기 마련이죠. 여러 현상학자들(메를로퐁티$^{32}$를 생각해

---

31 라캉의 시니피앙 이론에서 방점은 의미보다는 시니피앙들의 간극과 그 연결(S1—S2)에 놓인다. 문제는 여전히 언어로 표상할 수 없는 실재의 표상으로, 주체는 타자가 부과하는 시니피앙으로 그 욕망이 매개됨으로써 탄생하지만, 이 과정은 타자의 담화가 갖고 있는 근본적 결여로 인해 끊임없이 반복된다. 이런 의미에서 주체란 시니피앙들이 연결될 수 있는 가능성의 자리다.

라캉, 끝나지 않은 혁명

봅시다)이 지각을 그토록 중요시한 건 우연이 아니에요. 왜냐하면 지각은, 의식이 세계와 맺는 직접적이고도 지향적인 관계에 대한 가장 근본적인 경험이니까요. 게다가—이 점에서 프랑스 현상학은 전통적 심리학을 계승하는데—주체는 그것이 갖는 감정이나 격정 등의 측면에서 일종의 내면성으로 포착됩니다. 이로부터 반성적 자아와 내밀함의 영역에서 격심한 중심화<sup>centration</sup>가 생겨나죠.

과학에 근거를 두는 혁명적 해방의 사유(우리 시대 '공통 프로그램')[33]를 풀어내기 위해서는 이러한 반성적이고 실존적인, 현상학적 주체 모델에서 빠져나올 필요가 있습니다. 그 탈출을 위해 우리

---

**32** Maurice Merleau-Ponty(1908~1961). 철학자, 현상학자. 1945년 사르트르, 보부아르와 함께 잡지『레 탕 모데른』을 만들었지만, 1951년 소련의 강제수용소 굴라크에 대한 입장차로 이들과 결별했다. 메를로퐁티의 철학은 체험된 것, 그러므로 구체적으로 포착될 수 있는 것으로서 인간존재를 묘사하고자 하는 후설, 하이데거의 현상학과 실존주의 유산의 교차로에 있다. 주저로는『지각의 현상학』(1945)이 있다.

**33** 1950년대 프랑스 지성계는 자연과학과 인간과학의 대립이 지배적이었다. 1957년『렉스프레스*L'Express*』지와의 인터뷰에서 라캉은 중심에 의해 조직된 닫힌 세계에서 탈중심적인 열린 세계로의 이행이라는 프로이트 정신분석의 전복적 함의를 과학과 연관시켜 명료하게 밝힌다. 이 부분에 대해 루디네스코는 다음과 같이 정리한다. "프로이트는 모든 과학적 탐구는 인간의 나르시시즘에 모욕을 가져왔다는 것을 보여줌으로써 역사를 은유적 형태로 제시했다. 그[라캉]는 연속적으로 나타난 모욕 중 중요한 세 가지를 예로 들었다. 첫번째는 우주론적 치원에 속하는 것으로서 지구가 우주의 중심에 있다는 환상을 깨부순 코페르니쿠스의 혁명에 의한 것이었다. 두번째는 생물학적 차원에 속하는 것으로서 다윈의 진화론 때문에 동물과 '다르다'는 인간의 주장이 힘을 잃게 되었다. 세번째는 심리학적 차원에 속하는 것으로서 무의식이 존재한다는 프로이트의 생각에 의한 것이었다. 이것은 자아가 주체의 주인이라는 생각과는 상반된 것이었다. 라캉은 중심의 해체라는 이러한 은유적 표현을 자기 목적에 맞게 변주해 프로이트 학설 전체가 과학, 논리학, 합리성 차원에 속한다고 주장했다. ……그는 이제까지 합리화에 저항해오던 것을 프로이트가 합리화했을 뿐만 아니라 '그렇게 함으로써 합리적으로 추론하는 이성, 즉 실천중인 이성'을 보여주었다고 주장했다." (엘리자베트 루디네스코,『자크 라캉 2』, 양녕자 옮김, 새물결, 2000, 41~42쪽) 이러한 견지에서 본다면 라캉이 말하는 '과학'이란 구체적 대상에 대한 수학적·물리학적 양화가 아니라 이성의 체계 밖에 머물러 있지만 실제로는 이 체계를 추동하고 있는 '광기'를 언어의 규칙성 안에 담아낼 수 있다는 믿음이다.

는 여러 인문과학과 과학적 객관성, 논리-수학적 형식주의에 기댈 수 있었죠. 한마디로 말해, 구조주의는 현상학에 대항하는 최후의 수단으로 나타났습니다. 이 구조주의의 깃발 아래 모인 잡다한 사유들은 적어도 하나의 공통점이 있었어요. 바로 전통적 주체 이해[34]에 대항하는 반란에 모두 동참한다는 점입니다. 구조주의의 성좌는, 알튀세르의 유명한 표현을 따른다면 "이론적 반인본주의", 혹은 푸코를 인용한다면 "인간의 죽음"에서 완성되는 것입니다. 이러한 총체적 변동 속에서는 여러 가지 변주와 굴절이 가능하죠. 어떤 이들은 주체가 일종의 환상이라고, 보다 본질적인 구조들이 만들어내는 거울 효과라고 주장했고, 다른 이들은 때때로 하이데거를 따라 고전적 형이상학의 주체가 관념론의 낡아빠진 소산일 뿐이라는 것을 증명하는 데 골몰했죠. '주체' 개념에서 실재로 간주할 수 있는 건 오로지 대상의 특수한 한 형태일 뿐이라고 그들은 상정했어요. 그리고 또다른 이들—알튀세르의 제자들—은 주체가 일종의 상징적 개념이라고, 더 나아가 부르주아 시대의 전형적인 범주 그

---

34 전통철학에서 주체 개념은 무엇보다도 자기원인의 함의에 근거하는 무한자로서의 신과 그 근대적 해석이라 할 수 있는 자기의식을 동반하는 개인individu, 말 그대로 더이상 쪼개질 수 없는 하나의 전체성을 가리킨다. 이는 일자의 개념이 존재에 연관될 때, 그러니까 주체가 여러 가지 감각적 성질의 담지체가 되는 실체 개념일 때 유효한 것이다. 중세까지는 무한한 일자로서의 신이 모든 것의 원리로서 받아들여졌으나, 데카르트에 이르러서는 인간 이성의 보편성이 인식주체, 도덕주체, 법적 주체의 근거가 됨으로써 인간이 신을 대체하는 계기를 맞는다. 이는 인간의 자유에 대한 단언과 책임을 의미하는 반면, 원리로서의 주체가 자신의 열정과 광기 등을 조절·제어하고 있음을 전제하는 것이기도 하다. 현대에서 이러한 주체는 자본주의·자유주의에서 개인을 이해하는 방식으로 이어지고 있다. 정치와 경제에서 항상 합리적 결정을 내리는 자율적이고 자기통제적인 개인 이해가 그것이다. 바디우가 보기에 무의식을 언어의 구조에 연결시키는 라캉의 주체 이해 방식은 자아에 중심을 두는 정신분석, 행동심리학, 현상학을 극복한 것이다. 그는 라캉이 수행한 신-자아-주체 개념의 전복을 자신의 '수학적 존재론'과 '사건의 철학'으로 이어받고 있다.

**자체**라고 주장했죠. 결국 선호하는 접근방식이 무엇이건 간에, 구조주의의 모든 길은 주체 개념에 대한 근본적 비판에 다다릅니다.

이런 상황에서 라캉은 무엇을 했을까요? 한편으로 그는, 사르트르와 메를로퐁티의 사유를 아주 잘 알고 있었기 때문에, 현상학과의 단절에 가담했어요. 그는 구조주의자들의 무리에 들어갔는데, 이는 그가 다른 많은 이들보다 논리-수학적 형식주의에 더 기대고 있었기 때문이기도 했지만, 또한 모든 경험의 중심으로서의 반성적 주체를 포기한 때문이기도 합니다. 그의 정신분석 관점에서 주체는 비반성적 구조에 달려 있고, 그것은 몇몇 측면에서는 개인을 넘어서는 것이죠. 왜냐하면 무의식은 전적으로 언어에 달려 있으니까요. 그렇게 해서 무의식의 과학이 의식 철학을 대체하게 됩니다.

이렇게 상정하긴 했지만 라캉은 푸코와 같은 '강경한' 구조주의자들이나 데리다식의 하이네서주의사들처럼 더 멀리 나아가진 않아요. 이게 그가 취한 독특한 입장의 두번째 측면입니다. 그들은 주체라는 범주가 죽어버린 형이상학의 한 변종일 뿐이라고 생각하죠. 라캉은 이 주체라는 범주만큼은 지키고 싶어해요. 이 범주를 근본적으로 혁신하는 한이 있더라도 말입니다. 왜냐하면 그에게 주체는 여전히 임상 경험의 핵심에 자리하기 때문이죠. 이렇게 라캉은 구조주의자들의 맹공 속에서 주체를 구해냅니다. 분명 '그의' 주체는 시니피앙의 연쇄에 예속되어 있어요. 즉 그것은 분할되어 있고, 자기 자신에 대해 알면서도 무-지<sup>in-su</sup>하며, 쪼개져 있고, 어떤 근본적 타자성<sup>altérité</sup>(라캉이 '타자의 담화<sup>discours de l' Autre</sup>'라고 부르는 것)에 노출되어 있거든요. 그래도 이 주체는 정합적인 것으로 머물러 있어요. 이에 대해 일종의 주체 이론을 제시할 필요가 있겠지만 말입니다. 1960~70년대 라캉은 제가 젊은 시절의 사르트르주의와 그 주체 개념에 충실히 머무르면서도 동시에 이론적 반인본주의를 동반할 수 있게 해주었습니다.[35] 이런 이유로 라캉은 제게 결정적인 한 사람의 동시대인으로 단번에 등장한 거죠. 가장 이질적인 재료들을 통합해 자신의 고유한 건축물을 쌓아올릴 줄 알았던 동시대인 말이에요.

『필로조피 마가쟁』 루디네스코 씨, 라캉의 혁명이 정신분석과 철학을 동시에 전복시켰다는 점에 대해 당신은 어떻게 보시나요?

루디네스코 무엇보다 라캉은 두 학문분야 사이의 예상치 못한 만남, 대개는 갈등 양상을 띤 만남의 교차로에 서 있었죠. 한편으로는, 정신분석이 어떤 철학적 혁명을 담지하고 있다는 점을 철학자들에게 이해시킨 이가 바로 라캉이죠. 그러나 다른 한편으로는, 정신분석가들을 철학으로 향하게 한 것도 라캉입니다. 저울추의 이 두번째 운동이 제게는 중요해 보이는데요. 라캉은 철학을 자양분으로 삼

---

**35** 말실수, 실착행위, 농담, 징후 등은 우리가 자신도 모르게 생각하고 말하고 있음을 반증한다. 전통철학의 입장에서 정신분석이 충격적으로 다가온 까닭은 무의식과 성의 관계 때문이라기보다 이 '주체의 분할'을 명백히 밝혔다는 데 있다. 라캉의 표현을 빌리면, "내가 생각하는 곳에 나는 없고, 내가 생각하지 않는 곳에 내가 있다." 정신의 2차 지형학은 자아 중심의 정신분석이 해석하듯 프로이트가 '자아'로 돌아가 그것을 다시 중심에 놓는다는 것이 아니라, 주체가 실재를 조직하는 심리의 다양한 심급들에 의해 결정된다고 본다. 이 '실재'는 사르트르가 말하는 부조리한 실존의 역설적 가능성인 '존재의 파열'에, 인간 의식의 '결여'가 지향성으로서 대상과 맺는 관계에 연관된다고도 볼 수 있다. 사르트르에게 '실존주의existentialisme가 인본주의'라면 라캉의 '탈-존ex-istence은 반인본주의'이다. 이런 의미에서 주체란 상징계를 재조직할 수 있는 가능성의 자리다.

왔고, 또 그가 볼 때 지적 양식이 부족했던 정신분석가들을 고양시키기 위해 수많은 철학자를 자신의 세미나에 오게 했죠.

정신분석이 심리학과 의학 사이에 끼어 이러지도 저러지도 못할 때, 정신분석가들은 라캉을 통해서 철학을 다시 발견했고, 또 지식인들은 정신분석을 다시 발견했습니다. 저와 같은 문과 학생들은 구조주의를 통해 철학의 중요성을 재발견할 수 있었는데, 이는 문학에 심취한 문장가들이기도 했던 철학자 세대 덕분이었죠. 제가 고등학교 마지막 해를 보낼 때만 해도 볼 수 없던 일이었어요. 실제로 저는 알튀세르나 푸코를 읽고 라캉 수업을 듣고 난 뒤에야 스피노자나 헤겔에 몰두했어요. 구조주의자들의 이해 방식을 통해 먼저 철학에 다가갔고, 이후 피에르 마슈레[36]의 수업을 들었습니다. 저는 마슈레에게 많은 것을 빚졌어요. 사실 구조주의에 있어 기적 같은 해인 1966년 이전, 라캉을 따르던—그리고 철학을 자양분으로 삼았던—정신분석가들과, 그와 거리를 두면서 정신분석을 심리학의 장으로 되돌리려던 사람들 사이에는 이미 깊은 골이 존재했습니다.

저는 라캉의 독특함이 그가 걸어온 길과 연관 있다고 생각해요. 라캉이 처음에는 정신과의사였다는 사실을 결코 잊어서는 안 되죠. 정신의학은 언제나 심리학보다 철학에 더 영향을 받았어요. '과학적'이길 원하는 심리학은 늘 철학에게서 떨어지려 했죠. 심리학

---

36 Pierre Macherey(1938~ ). 마르크스주의 철학자이자 문학이론가. 알튀세르의 제자로서 알튀세르, 발리바르, 랑시에르 등과 『자본 읽기』를 공저했다. 또한 대표적인 스피노자 전문가 중 한 사람이다.

은 결코 과학적이 될 수 없을 텐데도 말입니다. 라캉은 정신분석을 '고결한' 학문분과들의 자리로 다시 돌려보내기 위해, 조르주 캉길렘[37]처럼 심리학을 가짜과학이라며 끊임없이 비난했죠.[38]

더 정확히 말하면, 라캉이 정신분석으로 이동하기 시작한 해인 1931년부터 프랑스에서 가장 역동적이었던 정신의학은 현상학의 영향을 받았습니다. 알렉상드르 코제브[39]를 통해 헤겔의 사유에 입문하기 전이던 이 시기에는 라캉 자신도 현상학자였어요. 제2차세계대전 후 구조주의로 돌아서면서 현상학의 유산에서 멀어진 라캉은 야콥슨과 레비스트로스와 가까이 지내고 또 그들의 저술을 읽으면서 소쉬르로 향했죠. 라캉을 자기 자신에게서만 영감을 얻는 자칭 불사조로 만들려고, 이런 영향을 부정하면서 역사를 '수정하고

---

**37** Georges Canguilhem(1904~1995). 철학자이자 과학사가, 의학자. 캉길렘은 인식론적 접근을 통해 과학들의 비단선적 역사를 전개하는 데 전념했다. 그는 한 지식의 출현 조건을 이해하려면 그 지식의 변천을 점철하고 있는 사태들을 열거하는 것으로 충분하지 않으며, 지식의 출현 과정에 있었던 오류와 망각, 장애와 단절에 관심을 기울여야 한다고 주장한다. 첫 주저인 『정상적인 것과 병리적인 것Le normal et le pathologique』(1943)은 의학과 생물학에서 자연과 그 규범성의 의미를 묻는 연구로, 오늘날까지도 이 저서는 의학적 인류학과 관념의 역사라는 측면에서 여전한 반향을 일으키고 있으며, 특히 푸코에게 미친 영향은 널리 알려져 있다. 캉길렘의 과학철학은 푸코 외에도 알튀세르와 라캉, 데리다 등 1960년대 프랑스 사상가들의 중요한 지적 기반이 되었다.

**38** 1956년 12월 18일, 조르주 캉길렘이 '심리학이란 무엇인가?'라는 제목으로 행한 강연의 내용으로 『분석을 위한 노트 2』(1966)에 다시 실렸다. 이 글은 1960년대 라캉에게 깊은 영향을 미친 것으로, 이른바 '인간과학'이 주장하는 과학성에 대한 비판의 근거를 제시하고 있다. 캉길렘이 보기에 심리학은 도구로서의 인간을 사회적·기술적 환경에 적응시키는 도구적 실천을 목표로 하며, 심리학의 이런 '과학'으로서의 자기주장은 그 대상과 방법론에서 모두 모호하다. 심리학은 철학으로부터 분리를 주장하지만 대개 그것은 '엄밀하지 못한 철학'이거나 '의무사항 없는 윤리'이고 '통제되지 않은 의학'이다. 데카르트의 코기토에 대한 오해에서 출발하여, 내적 감각에 대한 과학과 행위에 대한 과학 사이에서 이러지도 저러지도 못하는 심리학은 개념적 통일성을 확보하고 있지 못하다는 것이다.

있는' 오늘날의 일부 라캉주의 정신분석가들이 단언하는 바와는 반대로 말입니다. 이런 의미에서 보면 정신분석가 세계에는 수많은 '수정주의자들'이 있죠.

라캉이 하이데거의 사유에 매료되었던 것은 틀림없지만, 1957년 이후에는, 「무의식 속에서 문자의 심급, 혹은 프로이트 이후의 이성」에서 확인되듯이, 그렇지 않았습니다. 하지만 그렇다고 해서 라캉이 하이데거라는 사람한테 인정받으려고 애쓰는 일을 그만두었던 건 아니에요. 어쨌거나 라캉은 하이데거가 현상학적이고 존재론적인 방향에서 "과학은 사유하지 않는다"라고 말했을 때, 단호하게 과학과 형식적 객관성의 편에 섰어요.[40]

라캉이 정신의학에 뿌리를 두고 있다는 점은 아주 중요합니다. 이런 사실 확인은 바디우 씨가 자신의 사유에서 주체라는 철학적

---

39  Alexandre Kojève(1902~1968). 러시아계 프랑스 철학자. 1933년부터 1939년까지 알렉상드르 코이레의 후임으로 고등실천연구원에서 행한 헤겔 세미나로 유명하다.(이 세미나 내용을 바탕으로 1947년 레몽 크노 편집하에 『헤겔 읽기 입문』이 출간된다.) 이 세미나는 라캉이 프로이트에 대해 그랬듯 헤겔에 대한 해석을 갱신했던 것으로 당시 프랑스 지성계에 커다란 영향을 미쳤다. 라캉도 1934~37년에 조르주 바타유, 메를로퐁티, 장 이폴리트, 레몽 아롱, 로제 카유아 등과 함께 참석했는데, 이 경험은 라캉을 진정한 변증법적 사유로 인도했고, 그의 헤겔 독법에 기반이 되었다. 코제브는 헤겔 『정신현상학』의 '자기 의식'에 관한 장에서 언급되는 주인과 노예의 관계를 욕망의 변증법에 근거해 강조했는데, 라캉의 '주인 담화'는 이를 재해석해 받아들인 것으로 볼 수 있다. 1936년 코제브와 라캉은, 비록 미완의 시도로 끝났지만, 「헤겔과 프로이트: 해석상 비교 시도」라는 제목의 공동논문을 쓰려고 했다. 루디네스코는 자신의 라캉 전기에서 그때 코제브가 작성한 미완성 서문을 언급하며 이렇게 밝힌다. "그가 '자기 의식의 발생'의 서문으로 쓴 15쪽의 초고를 보면 라캉이 1938년부터 사용한 세 가지 주요 개념이 나타나 있다. 즉 욕망의 주체인 '나', 존재의 진정한 발현으로서의 욕망, 환상의 장소이자 오류의 근원인 '자아'가 바로 그것이다. 게다가 이 세 가지 개념은 광기의 기원과 가족의 본질이라는 두 주제와 섞인 채로 1936~49년 사이에 주체에 관해 라캉이 발표한 모든 텍스트들, 즉 「현실원칙」을 넘어서」와 「가족 콤플렉스」, 「심리적 인과율에 대해」와 「거울 단계」의 재판再版에서 발견된다."(엘리자베트 루디네스코, 『자크 라캉 1』, 양녕자 옮김, 새물결, 2000, 186쪽)

문제틀의 유지에 대해 말한 것과 연결되죠. 정신의학은 단지 마음의 불안만을 다루는 게 아니라, 주체의 파열로서의 광기를 독점해요. 그런데 인격에서의 어떤 소외감이나 균열에 대한 생각은 초현실주의자들, 특히 살바도르 달리에게서 영감을 얻은 라캉에게는 아주 일찍 나타납니다. 라캉은 한 미친 여성—마르그리트 앙지외('에메Aimée 사례'로 다시 이름붙인)[41]—에 대한 의학 논문을 썼는데, 이는 르망 지역에서 어떤 명백한 이유 없이 자신들의 고용주를 살해한 파팽 자매[42] 이야기에 관심을 갖기 전이죠. 라캉은 편집증—더 나아가서는 틀림없이 여성의 편집증—이 정상상태를 흉내내는 논리적 광기라는 점과 그 어떤 신체적이거나 체질적인 원인을 갖고 있지 않다는 점을 능숙하게 보여주었습니다. 편집증은 마음에서 생겨나는 것이었어요. 라캉이 신비주의적 성향을 지닌 여성들에 관심을

---

**40** 앞에서 보았듯 '과학'이 눈앞의 구체적 대상을 다루는 것이 아니라 가능한 대상들을 언어적 법칙성 안에 담아내는 것이라면, 즉 정신의 '창안'을 벗어나는 이질적 대상들에 대한 설명을 포기하는 것이라면, 그것은 하이데거가 말하는 '존재의 망각'이라는 비난을 피할 수 없다. 이 지점에서 라캉의 견해는 변증적이다. 지식이 대상들에 대해 '검증 가능한 과학'(포퍼)이 아니라면 그것은 위험한 허무주의에 빠질 수 있다. 그러나 각 시대의 지식들을 그 시대에 고유한 에피스테메의 산물(푸코)로 본다면, 정신분석은 이런 검증 가능한 과학이 무엇의 표현인지, 어떤 욕망이 대상의 구성에 형식을 부여하는지에 대해 물을 수 있다. 욕망을 대상으로 하는 정신분석은 이렇듯 실천적이고 윤리적인 명령의 측면에서 과학의 지위를 획득할 수 있는 것이다. 이러한 라캉의 태도는 진리를 '비은폐성alétheia'으로 보는 하이데거와는 상반된다.

**41** 1931년 파리의 우체국에서 일하던 38세의 여성 마르그리트가 피해망상과 정신착란 상태에서 여배우 위게트 뒤플로를 살해하려다 미수에 그치고 붙잡힌다. '에메'는 소설가를 꿈꾸던 마르그리트의 작품 속 여주인공 이름이다. 라캉은 자신의 편집증 이론의 구체적 사례로서 그녀를 연구했다. 이 연구는 라캉이 정신의학에서 정신분석으로 옮겨가는 전환점이 되며, 자신의 박사논문 「인성과의 관계에서 본 편집증적 정신병」의 중요한 모티프가 된다. 하지만 당시 라캉이 자신의 이론을 뒷받침하기 위해 이 '에메 사례'를 편파적으로 이용했다는 시각도 있다. 프랑스의 저명한 정신분석가 디디에 앙지외는 바로 마르그리트의 아들로서 위와 같은 사실을 모른 채 처음 라캉에게 분석 수련을 받기도 했으나, 나중에는 라캉에 반대하는 입장에 선다.

갖고, 그 여성들이 이성의 경계를 넘어서는 절대적 주이상스
jouissance[43]를 추구하는 데 주목했던 것은 바로 이런 관점에서였죠.

프로이트와의 근본적 차이가 바로 여기에 있습니다. 정신분석의
창시자는 본질적으로 신경증을 다루었지만—비록 지금 와서는 프
로이트가 돌보았던 환자들이 아주 중한 병을 앓고 있었다는 것을
알게 되었지만 말이에요—, 라캉은 논리적 사유 체계, 더 나아가 형
식적 사유 체계로서의 정신병과 여성 광기, 그리고 편집증이라는
고통스러운 세계로 뛰어들었던 거죠. 제 생각에는 단지 이 점만으
로도 라캉은 자신의 시도가 갖는 철학적 영향력을 알린 셈입니다.
프로이트가 철학을 편집증적 담화, 즉 광기의 논리와 비슷하게 여
기면서 이를 불신했다는 점을 잊어서는 안 됩니다…….

**바디우** 전적으로 동의해요. 조금 대담하게 말한다면 여러 신경증은

---

42 1933년 프랑스 르망에서 하녀로 일하던 크리스틴 파팽과 레아 파팽 자매가 전기 고장으로 다
림질을 다 마치지 못하자 자신들이 일하던 집의 여주인과 그 딸을 잔인하게 살해한 사건이다.
희생자들의 눈을 도려내고 사체를 조각내 집 안에 흩뿌리는 등 극단적 잔혹성으로 당시 프랑
스 사회를 충격에 빠뜨렸다. 사르트르와 폴 엘뤼아르 등은 이 사건이 부르주아 사회의 위선을
폭로하는 것으로 보았지만, 라캉은 '에메 사례'와 마찬가지로 자신의 편집증 이론의 적용 사례
로 보았다. 장 주네의 희곡 『하녀들』의 모티프가 된 사건이기도 하다.

43 미국의 저명한 라캉학파 정신분석가이자 라캉의 『에크리』 영어판 번역자인 브루스 핑크는 이
'주이상스'를 다음과 같이 정의한다. "프랑스어에는 이러한 고통 속의 쾌락을, 불만족 속의 만
족감을 지칭할 만한 적절한 단어가 있는데 그것이 바로 **주이상스**이다. 주이상스는 자기 처벌
이나 고통스러운 일에서 느끼는 흥분(예를 들어 성적인 절정감)을 의미하는 용어이다. 대부분
의 환자들은 자기 증상에서 만족감이나 쾌락을 얻는다는 사실을 부인한다. 하지만 자세히 살
펴보면, 우리는 늘 그들이 증상을 즐기며 단순히 만족이라고 하기엔 너무나 〈비정상적인〉 방
식으로 쾌락을 즐기고 있다는 사실을 발견하게 된다. 〈주이상스〉라는 용어에는 주체가 어떤
수단으로든지 쾌락을 즐긴다는 개념이 함축되어 있다." (브루스 핑크, 『라캉과 정신의학』, 맹
정현 옮김, 민음사, 2002, 27쪽)

결국 임상심리학에 속하는 것들이죠. 이런저런 사랑의 실연이나 난감한 강박들, 잠재적 무기력증 같은 문제들, 너무도 똑같고 진력나는 이런 일들은 누구나 겪잖아요. 저는 늘 이런 징후적 고백들을 들으며, 조금 졸긴 하겠지만, 하루하루를 보내는 정신분석가들을 경탄해 마지않아요. 정말 대단한 일이죠. 신경증이라니, 너무 진력나잖아요! 반면 광기는 처음부터 철학을 따라다녔어요. 주체를 집어삼켜버리는 이 격렬한 형태는 무엇인가? 자기 안에서 어떤 근본적 타자성이 돌발하는 것을 어떻게 이해할 수 있을까? 철학자에게는 정신병이 훨씬 더 흥미롭다는 건 분명합니다.

**루디네스코** 제가 말하지 않은 사실이 있다는 걸 고백해야겠네요. 라캉은 편집증에 열중하고 있었지만, 제게 가장 위대한 '철학적 광기'—두 얼굴(열광과 낙담)의 광기—, 제게 가장 매혹적이고, 가장 문학적이며, 가장 창조적으로 보이는 광기는 여전히 멜랑콜리입니다. 제가 테루아뉴 드 메리쿠르[44]라는 인물, 페미니즘의 선구자이며 1789년 혁명의 열광을 가장 잘 구현했던 이 멜랑콜리한 여성에게 관심을 가졌던 것도 그런 이유 때문이에요. 1793년 그녀를 광기

---

44 Théroigne de Méricourt(1762~1817). 프랑스혁명을 대표하는 여성 혁명가. 농부의 딸로 태어나 삼부회 소집 전에는 한 후작의 원조를 받던 화류계 여성이었으나, 혁명을 전후로 자유를 위한 투사로서 새로운 정체성을 찾았다. 그녀는 파리에 한 살롱을 열고 애국회를 조직하기도 했는데 혁명이 일어난 1789년 바스티유 습격과 베르사유 행진의 선두에 섰다. 외젠 들라크루아의 그림 〈민중을 이끄는 자유의 여신〉(1830)은 그녀를 소재로 했다고 알려져 있다. 1793년 공포정치 시기에 메리쿠르는 광기에 사로잡혔고 그 덕분에 단두대 처형을 피할 수 있었다. 이후 여생을 살페트리에르 병원에서 갇혀 지냈으며, 의학계에서는 멜랑콜리의 중요한 사례로 꼽는다. 보들레르와 미슐레는 그녀에 대한 전설을 노래하기도 했다. 루디네스코는 1989년 그녀의 전기 『테루아뉴 드 메리쿠르: 프랑스혁명기의 한 멜랑콜리한 여성』(1989)을 출간했다.

로 몰고간 것은 바로 혁명적 이상의 추락이었죠. 그녀는 에스키롤[45] 이 지켜보는 가운데 살페트리에르 요양원에서 생을 마감했어요. 여기서 어찌 루이 알튀세르의 운명을 떠올리지 않을 수 있겠어요? 라캉이 호메로스와 아리스토텔레스 이후로 수많은 흥미를 불러일 으켰던 이 광기의 형태에 대해 흥미가 없었다는 점이 저는 항상 놀 라웠어요.

**바디우** 라캉이 편집증을 선호한 것은 그쪽이 훨씬 더 체계적이기 때 문이죠. 이는 프로이트에게서도 명확히 보입니다. 「편집증 환자 슈 레버」는 놀라운 텍스트이고 집요한 논리를 가지고 있어요. 우리는 이 사례가 자기충족적인 거푸집에서 온전히 재구성되는 듯한 인상 을 받습니다. 편집증은 구조주의적 분석에 완벽히 들어맞아요. 그 래서 라캉이 거기에 그토록 관심을 가졌던 거죠.

**『필로조피 마가쟁』** 두 분께서는 프로이트와 라캉 사이의 첫 분기점, 그 러니까 그들이 각각 신경증과 정신병에 강조점을 두고 있는 점을 지적해주셨습니다. 이런 간극을 치료에 대한 이해와 방향설정에서 도 찾아낼 수 있을까요? 프로이트적 분석과 라캉적 분석의 차이 들—라캉의 짧은 분석 시간은 논란을 일으켰고, 부분적으로는 그 것이 국제정신분석협회[IPA][46]에서 제명당하는 이유가 됐다는 것은 알려진 사실이죠—이 곧장 눈에 띨까요?

---

**45** Jean-Étienne Esquirol(1772~1840). 프랑스의 정신의학자로 정신병원을 최초로 제도화했다.

**루디네스코** 네, 두 사람의 차이는 1960년대에, 특히 파리에서 확연해집니다. 정통 프로이트적 정신분석가들은 일종의 통속 유물론 추종자들이었어요. 그들은 회상과 격정, 자아, 나르시즘적 장애들, 정상적이거나 비정상적인 행동들에 관심을 기울였고, 또 임상의 엄격한 틀을 넘어서는 것은 사변적인 것, 즉 위험한 것이라고 생각했죠. 그들은 행동심리학[47]에서 멀리 떨어져 있지 않았어요. 그런데 라캉이 이론 면에서나 실천 면에서나 거기서 벗어날 수 있게 해주었던 거죠. 왜냐하면 그는 언어와 하는 말에 대한 주의, 그리고 분석치료 과정 중 단절의 필요성을 강조했으니까요. 라캉은 편협하지 않았고, 자신의 환자들이 지닌 성향들을 존중했으며, 치료해야 한다거나 정상화해야 한다는 이상에 쫓기지도 않았어요.

이 시기에 정통 프로이트적 분석가들은 라캉의 제자들에게 진영 선택을 독촉했고, 정신분석을 일종의 해석 종교로 만들었어요. 그와 반대로 라캉은 정신의 자유로움을 보여주었죠. 예를 들어 사제

---

**46** 1910년 지그문트 프로이트 주도로 설립되었고 초대 회장은 카를 융이 맡았다. 프로이트 일가의 영국 망명 이후, 안나 프로이트 파와 멜라니 클라인 파가 양대 파벌을 형성했고, 이들이 영미 정신분석계의 주류로 자리잡았다. '자아심리학'으로 대변되는 IPA는 이후 점차 '엄격한 상담 시간'(45분~1시간) 등 정해진 규칙과 기준을 바탕으로 전문 분석가 양성에 주력하면서 기술주의와 관료주의 성향을 띠었는데, 라캉은 이것이 오히려 프로이트 정신분석의 정도를 벗어났다고 보았고 '프로이트로의 복귀'라는 구호를 내세운 것도 그런 이유에서였다. 특히 라캉은 안나 프로이트의 영향력 아래 있던 '미국식' 정신분석을 강력히 비판하면서 안나의 기술을 '위조화폐'로 규정하기도 했다. 하지만 '프로이트학파'의 진정한 계승자를 자임하던 라캉은 IPA로부터 자신의 분석 방법과 이론을 공인받고자 했으나, 1963년 '파문'당하면서 IPA와 완전히 결별하고 독자적 길을 걷게 된다.

**47** 미국의 심리학자 존 왓슨이 주창한 심리학 이론이다. 이 입장에 따르면 심리학은 인간의 마음이 아니라 행위, 즉 자극과 이에 대한 유기체의 반응 사이에 있는 관계들을 연구하는 것만으로 충분하다. 왓슨의 견해를 더욱 강화한 스키너는 심리학을, 모든 설명의 필요성을 스스로 금하고 사태들의 묘사나 분류에 한정되는 정밀 실험과학으로 만들고자 했다.

---

가 분석을 받으러 올 때마다—이런 일은 여러 번 있었는데—그는 사제로 있는 것이 자신의 진짜 욕망이라면 그대로 있으라고 충고했어요. 라캉이 무신론자였고 과학적 담론의 엄밀함을 철저히 따랐는데도, 몇몇 예수회 수도사들이 그에게 끌렸던 것은 바로 라캉이 신앙생활의 본질—또 철학의 본질—을 깨닫고 있었기 때문입니다. 진부한 실증주의를 척도로 재해석된 프로이트의 생물학적 패러다임은 치료를 받기 원하던 종교인들을 굉장히 거북하게 만들었거든요.

**바디우** 왜냐하면 대개 실증주의는 일종의 전도된 종교이고, 그래서 자신이 내세우는 과학에 봉사하기는커녕 과학을 그 자체의 고유한 생성에 낯선 이데올로기적 목표들의 노예로 만들기 때문이죠. 그래서 종교인이 과학 자체보다는 실증주의를 더 꺼려한다는 게 훨씬 말이 되는 겁니다. 신이 과학을 사랑한다고 생각할 순 있지만 실증주의적 이데올로기를 사랑한다고는…….

**루디네스코** 확실히 그래요. 프로이트적 분석가들은 또 프로이트가 종교를 신경증과 동일시하는 데 반감을 갖고 있었거든요. 사실 프랑스의 프로이트적 정신분석가들은 대부분 반교권적이었고, 지적 또는 영적 투신에 대해 폐쇄적이었으며, 철학적 담화에는 거의 관심 없었죠. 바로 이 지점에서 수많은 예수회 수도사가 라캉의 사유로 개종conversion—물론 저는 너무 많은 함축적 의미를 지닌 이 단어를 별로 좋아하지 않습니다만—하게 되는 거예요. 그렇다고 해도, 말년의 라캉은 극단적으로 아주 짧은 치료에 대한 독단적 견해를 조장했어요.[48] 그것이 실망, 더 나아가 사기의 원천이 되었죠. 교조적 라캉주의자들은, 격정에 기대는 것을 비판한 나머지, 매듭<sup>noeud</sup>과 수학소<sup>mathème</sup>의 형식주의[49]에 취해서는 환자들의 고통을 간과할 위험을 무릅쓰고 있어요. 어떤 이론이 혁신적일수록—라캉의 이론은 진정 혁신적이죠!—, 그것은 일순간 도그마로 돌변할 위험이 있습니다. 라캉주의도 이런 규칙에서 예외는 아니에요.

**『필로조피 마가쟁』** 바디우 씨, 라캉적 의미에서의 치료가 정말 철학적 중요성을 지니나요? 그것이 당신이 말하는 주체의 혁신을 잠재적으로 가동시키는 것으로 느껴지긴 하는데요.

---

**48** 국제정신분석협회는 분석 시간을 45분~1시간으로 표준화했는데, 라캉은 초기부터 분석 시간을 가변적으로 자유롭게 운용했다. 결국 이는 국제정신분석협회가 라캉을 파문하는 빌미가 되었다. 아울러 라캉의 점점 높아지는 분석료와 권력 지향적으로 비쳐진 행동들은 끊임없이 논란의 대상이 되었다.

**49** 1970년대에 라캉은 자기 이론의 형식화에 몰두했고, 이런 형식화의 핵심 개념 두 가지가 바로 '수학소'와 '매듭'이다. '수학소'는 라캉이 비트겐슈타인의 『논리-철학 논고』를 읽고 난 뒤 레비스트로스의 '신화소<sup>mythème</sup>'(신화를 이루는 기본 구성요소)와 그리스어 mathema(지식)에서 착안해 만든 용어로, 말로 표현할 수 없는 지식을 전달할 수 있게 하는 언어적 형식을 가리킨다. 이는 수학과 과학의 공식과 비슷하지만 거기에 숫자를 대입할 수는 없고 개념들의 상관관계와 기능을 명료하게 설명할 수 있게 한다. '매듭'은 이탈리아 보로메오 가문의 문장紋章에서 유래하는 '보로메오 매듭'을 말한다. 이것은 세 개의 고리가 교차하면서 한데 연결되어 있고 그중 하나만 빠져도 흩어져버린다. 라캉은 젊은 수학자들의 도움을 받아 자신의 이론을 보로메오 매듭이라는 위상학적 모델로서 정식화하고자 했다. 셋 중 어느 하나라도 배제하거나 간과하면 정신병이나 도착증에 빠지고 마는, '상상계, 상징계, 실재계' 세 위상의 관계를 보로메오 매듭으로 상징한 것이 그런 예이다. 라캉 이론에서 '매듭'의 중요성은 다음을 참고할 것. "실재와 상징계 사이에는 간극이 있다. 주체가 '말하는 존재'인 한, 주체의 자리는 바로 그 실재와 상징계의 간극 속에 있으며, 주체화란 그러한 간극을 봉합하는 하나의 방식, 매듭을 만드는 하나의 방식이라 할 수 있다. 이때 매듭이란 주체가 자신의 고유성, 독자성을 상실하지 않은 채, 말하자면 자신의 존재를 타자에게 내어주지 않은 채 타자와 공존할 수 있는 가능성이다." (맹정현, 『리비돌로지: 라캉 정신분석의 쟁점들』, 문학과지성사, 2009, 374쪽)

**바디우** 치료란 하나의 형식을 전제하는 동시에 그것을 가로지르는 행위입니다. 이 경우에 형식이란 무의식의 객관적 구조들이죠. 그런데 치료는 이 구조들에 연관되면서도 그것들을 재단하고 조각내는 것입니다. 이 지점에서 신중한 모습을 보이는 라캉에게 분석의 최종 목적은 회복이 아니에요. 분석은 주체가 다시 스스로를 일으켜서 새로이 살 수 있는 실재의 지점le point réel에 도달해야 하죠. 그것은 운명으로 보이는 것을 굴절시키고, 주체의 능력들을 다시 열어젖히는 일입니다. 저는 늘 치료에 대해 라캉이 내린 정의가 정말 훌륭하다고 생각해왔어요. 그는 치료의 목적이 "무능impuissance을 불가능한 것l'impossible으로까지 들어올리는 일"이라고 했죠. 불가능한 것이란 라캉적 의미에서의 실재, 즉 결코 상징화되지 않는 겁니다. 그러니까 분석이란 분석수행자가 느끼는 무기력한 애초의 상황(나는 실손의 냉혹함과 성제삼에 사로잡혀 내 욕망에서 멀어져버렸다)[50]을 타개하도록 하는 일로 간주되죠. 분석이 상상계라는 함정 속에서 질척대는 주체를 자신의 상징화 능력의 일부를 되찾을 수 있는 실재의 지점으로 이끈다는 점에서 말입니다.

철학의 측면에서 이 장치는 아주 주목할 만하죠. 행위(치료에서 일어나는 것)가 형식(무의식의 구조들)을 가로지르긴 하지만 여전히 그것은 이 형식의 관점에서 이해될 수 있으니까요. 분석을 할 때 무슨 일인가 일어나지만(주체와 어느 실재의 지점의 대면), 이 사건을 이론화하려면 그것을 그 형식적 문맥에 연결시켜야 합니다.

---

50  라캉에게 자본주의 속의 주체들이란 쏟아져나오는 신기한 상품들과의 관계를 제외하고는 실질적인 사회적 관계를 맺지 못하는 일자un들이다.

라캉, 특히 말년의 라캉은 제게 철학의 영웅입니다. 그가 두 가지 암초를 피했으니까요. 한편으로 그는 치료에서 하나의 단절$^{coupure}$, 전대미문의 단절이 돌발할 수 있다고 상정함으로써 진부한 결정론에서 빠져나옵니다. 다른 한편으로는 이 단절이 어떤 기적적인 것이 아니라는 점에서—이 단절은 무의식의 합리적 형식들에 직접적으로 연결됩니다—그는 영적이거나 종교적 교의들과 확고히 거리를 유지하고 있습니다.

**루디네스코** 라캉은 과학주의에 등을 돌리지만 한편으론 몽매주의도 외면하죠.

**바디우** 정확한 지적입니다. 오늘날 그 두 암초는 전에 없이 위협적이에요! 그것들이 지금의 국면을 만들고 있죠! 어쨌거나 서로를 적으로 간주하는 편협한 과학주의와 미신적 몽매주의가 비밀스런 동맹을 맺은 것도 어제오늘 일은 아닙니다. 그렇기에 더욱 우리가 라캉을 필요로 하는 것이죠. 이 문제에 관한 한 저는 철저한 라캉주의자입니다. 참인 바를 사유하기 위해 저는 '있는 것$^{ce\ qui\ est}$'의 형식과, 이 형식과 결별하는 것이 병존하는 지점을 찾아야 하죠. 제 작업은 형식들의 문맥 속에서 실질적 단절의 가능성을 사유하는 데 알맞은 형식주의에 대한 연구입니다. 그것은 결정론(현재의 행동주의$^{comportementalisme}$는 임상에서 보여지는 결정론의 한 변형이죠)이나 새로운 종교적 지평(오늘날의 현상학 중 일부를 포함한)이 아니라, 예측할 수 없는 실재—저는 이것을 사건$^{événement}$이라고 부릅니다—를 온당히 인정하는 하나의 철저한 유물론이죠. 이를 갈망하면서 저는 라캉의 발자취를 제 방식대로 따라 걷고 있습니다.

『**필로조피 마가쟁**』 철학적으로는 치료에 관심이 많았지만, 본인이 직접 치료를 받아본 적은 없으신 줄 압니다.

**바디우** 그렇습니다. 제 주변에서는 많이 받았지만, 치료는 여전히 제게 완전히 낯선 경험이죠. 거창하게 말하자면, 저의 해방은 정치적 행동과 사랑을 통한 발견, 연극적이고 소설적인 글쓰기, 수학적 형식주의의 취향을 경유하는 것이었고, 이 모두는 결국 철학 안으로 모아졌습니다. 분석으로 이 경험들을 중복시킬 필요는 없다고 판단했죠. 라캉처럼 저도, 분석치료를 시작할 필요가 있을 때는 우리의 삶이 너무도 많은 무기력과 고통의 징후들에 시달릴 때뿐이라고 늘 생각했던 것 같습니다. 고통이 견딜 만하다면, 즉 정상적이라면 분석을 하러 가는 유일한 이유는 자기 자신이 정신분석가가 되기 위해서일 뿐이죠. 일관된 정치적 논리에 참여하고, 다양한 철학적 상징화를 활성화하며, 실존 속에서 특히 행복했던 저는 치료 없이 온전히 지낼 수 있었습니다.

**루디네스코** 제 이야기를 하자면, 정신분석 교육과정에 들어가기 전에 망설여지더군요. 정신분석가를 직업으로 하려는 제 의지에 대해 완전히 확신하지 못했거든요. 더구나 저는 잘 지내고 있었고, 그 어떤 병리적 징후도 없었어요! 그래도 분석가의 딸에게 이 길은 거의 불가피한 선택이었죠. 저는 결국 옥타브 마노니[51]에게 분석을 받기 시작했고, 이어 장 클라브뢰[52]의 관리 아래 아주 전통적 방식의 프로이트적 치료에 들어갔습니다. 한 번 분석에 45분이었고, 전통적인 감독도 받았죠. 이 라캉주의자들에게서 제가 참으로 좋았던 점은 그들이 자신들의 수행과 임상에 라캉의 혁신을 끌어들이면서도 여전히 아주 프로이트적이었단 겁니다. 제 어머니처럼요. 라캉 추종자들이 주도했던 신경증의 정신병화 쪽으로 치우친 적은 한번도 없었거든요. 많은 사람이 저처럼 했어요. 정말 좋은 경험이었죠. 불행히도 오늘날의 정신분석은 하나의 지적 모험, 하나의 여행이자 탐구, 통과의례이기를 포기한 경우가 많아요. 이런 의미에서도 저는 바로 이 지점에서, 다른 경로를 통해서이지만, 바디우 씨와 다시 만나는 셈입니다. 이른바 '치료'를 위한 치료는 이른바 '교육'을 위한 교육과 닮아 있으니까요.

요즘은 분석을 '필요$^{besoin}$'할 때만 하죠. 그런데 치료는 흥미로운 자기횡단이지, '효율성'을 겨냥하는 유용한 서비스가 아닙니다. 성공적 치료에 대한 개념이 있기는 하지만 말이죠. 똑똑한 임상의에 의해 치료가 잘 진행되면, 그것은 다른 참여들, 특히 정치적 참여에 대해 명석함을 덤으로 주거든요.

---

**51** Octave Mannoni(1899~1989). 프랑스의 철학자이자 정신분석가. 스트라스부르 대학에서 철학을 공부했고, 프랑스 식민지이던 아프리카 마다가스카르에서 철학을 가르쳤다. 2차대전 후 프랑스로 돌아와 라캉학파에 참여했으며, 1950년 『식민화의 심리학 $Psychologie$ $de$ $la$ $colonisation$』을 출간했다. 하지만 프란츠 파농과 에메 세제르 등 식민주의에 맞서 싸운 흑인 지식인들은 문명사회와 원시사회의 구분을 전제로 하고 인종적 편견을 조장한다며 이 책을 신랄하게 비판했다.

**52** Jean Clavreul(1923~2006). 프랑스의 정신분석가. 라캉이 만든 파리프로이트학교의 중심인물 중 한 사람으로 많은 분석가를 양성했다.

『**필로조피 마가쟁**』 마침 잘됐습니다. 이제 정치를 이야기해보죠. 두 분이 볼 때 라캉의 사유가 정치적 파급효과를 일으켰나요? 라캉은 자신의 가르침이 어떤 형태로든 이데올로기적으로 또는 당파적으로 재활용되는 일을 금했기 때문에 더욱 이 문제가 제기되는데요.

**바디우** 제가 보기에 라캉의 정신분석은 의미심장한 정치적 문맥 속에 끼워져 있었습니다. 제가 상기시켜드렸듯, 우리는 애초의 무능력한 상태와 관련해서 주체의 어떤 확충désenclavement을 겨냥하는 치료의 깊은 의미를 재발견할 수 있죠. 그런데 이 과정은 집단적 차원을 획득할 수 있는 것이에요. 제 생각에 정치의 장이란 어떤 결정된 상황이 불가능하게 막고 있는 삶의 가능성들을 해방시키는 일에 상응합니다. 압제란 늘 개인적이고 집단적인 능력의 말살로 정의되지요. 이런 관섬에서 보면, 라캉의 치료는 그 본래의 실헹에서는 탈정치적이지만, 사유에 있어서는 일종의 정치적 모태를 제안하는 것입니다. 저는 라캉의 사유와 혁명적 유형의 행동방식 사이에서 어떤 연속성을 찾아내고 있어요. 이 혁명적 행동방식이란 반복 속에 처박혀 있고, 국가적 억압에 의해 봉쇄된 집단의 개방성을 다시 가동시키는 것입니다.

『**필로조피 마가쟁**』 라캉이 자신을 '정신분석학의 레닌'이라고 소개한 일도 있었죠.

**바디우** 맞아요. 저도 그 표현을 곧잘 씁니다. 라캉은 프로이트를 마르크스에 견주고, 자신은 레닌에 견주었어요. 이렇게 조금은 비유적인 접근방식을 통해 그는 프로이트가 여전히 의학의 치유 논리 안에 머물러 있고, 마르크스는 여전히 약속하는 입장에 있다는 것을 강조하려고 합니다. 그런데 레닌은 더이상 코뮌주의communisme를 약속하지 않아요. 그는 결단하고, 행동하고, 조직하니까요. 라캉도 더이상 프로이트처럼 치유를 추구하지 않습니다. 그는 정신분석을 사회적응의 시각으로 보는 것에 완강히 반대합니다. 그런 정신분석은 인간 동물을 그 사회적 환경에 알맞게 만들고 지배적 가치들에 굴복하는 동물로 변형시키는 데 만족할 것이고, 그래서 인간 동물은 사회에 대한 불순응이나 과도한 독창성 때문에 받을 심리적 고통들을 견뎌야 할 이유를 알지 못하게 될 테니까요. 라캉에게 정신분석의 관건은 훨씬 더 근원적인 겁니다. 비록 정치와 전혀 상관없는 치장을 하고 나타날지언정, 정신분석은 해방의 매개체입니다. 치료에 대한 그의 시각으로 인해 라캉은, 설사 자신은 사태를 전혀 그렇게 바라보지 않는다고 해도, 68혁명과 1980년대 사이에 우리 젊은이들을 총궐기하게 만들었던 추동적 요인들 중 하나였어요. 68혁명 때 저는 이미 그렇게 분석하고 있었어요. 치료에서 실재를 대면하듯, 68혁명에서 저는 구체적 상황 속에서 새로운 자유의 재구성을 가능케 하던 하나의 사건을, 불평등에 근거한 자본주의자들의 장치에 맞서서 국지적 해방에 전력을 기울이는 급진 좌파를 보았습니다. 잘 알다시피 라캉이 그처럼 열정적이었던 것은 분명 아니지만 말입니다…….

**루디네스코** 그렇게 말하는 걸로는 부족하죠! 라캉에게 68혁명은 착시를 불러일으키는 운동이었어요. 그것은 일반화된 해방 의지가

아니라, 반대로 좀더 잔인한 노예상태에 대한 저항자들의 무의식적 욕망을 표현한 것이었죠.[53]

**바디우** "혁명가로서 여러분이 갈망하는 것은 바로 주인maître입니다." 라캉이 뱅센에서 이 유명한 말을 했을 때,[54] 그 쓴잔을 삼키기는 힘들더군요. 그러나 헤겔 또한 제자인 마르크스의 프롤레타리아 혁명의식에 대해 좋게 생각은 안 했을 테지요! 라캉이 세상을 떠났을 때 저는 그가 우리의 헤겔이었다고 쓰기도 했습니다. 제자들이 선생의 사유를 선생의 사유가 아닌 방향으로 벗어나게 한다는 사실은 그 선생의 사유가 살아 있다는 증거이기도 합니다.

**루디네스코** 기실 라캉은 진정한 혁명, 유일하게 소망할 만한 혁명은

---

53 루디네스코는 라캉 전기에서 이에 대해 다음과 같이 상세히 설명한다. 〔라캉은〕 혁명은 항상 자기가 제거한 지배자보다 더 포악한 지배자를 낳는다고 주장했다. 5월 사건에 대해서도 그는 학생들의 시위가 대학에서 과거와 같은 스승〔주인〕의 기능을 제거하고 이를 의사소통과 교육 관계라는 이상에 기초한 폭군적 체계로 대체시켰을 뿐이라고 지적했다. 이것은 대단히 정확한 관찰이었다. 폭력적 혁명이 대학에서 테크노크라트들이 지식인들을 대체하게 된 핵심적인 단계 중의 하나였다는 것은 오늘날 너무나 분명해 보인다."(『자크 라캉 2』, 양녕자 옮김, 새물결, 2000, 172-173쪽)

54 "〔1969년〕 12월에 라캉은 뱅센 파리8대학을 방문했다. ……그는 청중들에게 자기가 5월 운동에 대해 커다란 공감을 표했었음을 상기시키고 초현실주의자였던 자신의 과거를 떠올렸다. 마지막으로 그는 자신의 정치적 입장이 어떠했었는지를 이렇게 요약했다. '혁명가로서 여러분들이 열망하는 것은 스승〔주인〕입니다. 여러분은 스승〔주인〕을 얻게 될 것입니다. ……나는 모든 사람들과 마찬가지로 반진보주의자인 한에서만 자유주의자입니다. 다소 예외적인 것은 내가 진보적이라 불리는 운동에 몸담고 있다는 사실입니다. 정신분석적 담론은 여러분이 무엇에 대해 저항하는지를 정확하게 정의할 수 있도록 원을 완성시켜준다는 점에서 이 담론이 수립되는 과정과 함께 참여한다는 것은 진보적인 행위인 것입니다.'"(같은 책, 166쪽) 여기서 라캉 전기의 옮긴이는 maître를 '스승'으로 번역했는데, 라캉이 말하는 '주인 담화'의 그 '주인'을 가리키는 것일 수도 있다.

프로이트의 정신분석이라고 생각했어요. 좌파의 혼란이 결국 도달하는 곳엔 폭정의 부활만이 있다고 그는 생각했죠. 68혁명을 넘어서서 라캉과 정치와의 관계를 물으려면 사전에 구체적 사실들을 되짚어볼 필요가 있습니다. 라캉은 우파 가톨릭 집안에서 자랐어요. 이는 그가 낡은 프랑스의 국수주의와 불관용 속에서, 프랑스가 가진 가장 혐오할 만한 것들 속에서 자랐다는 말입니다. 그는 이 계보에 맞서서 자신을 만들어갔고, 자연스레 그의 정치성향은 당시 피에르 망데스 프랑스 같은 정치인들로 대표되고 『렉스프레스*L'Express*』 같은 언론매체가 뒷받침한 중도 좌파로 향하게 되었어요. 이는 라캉에게 우파 계층에 대한 끈질긴 증오를 심어주었죠. 그러나 공식적으로 라캉은 일생 내내 스핑크스같이 알 수 없는 사람이었어요. 사르트르와 달리 라캉은 사회참여를 전혀 하지 않았죠. 그는 평생 단 한 번만 청원서에 서명했어요. 자기 시대의 가장 뜨거운 투쟁과 의식적으로 거리를 두었기에 그는 레지스탕스에도 가담하지 않았고, 인종주의를 본능적으로 혐오했지만 그가 투쟁적 반식민지주의자였는지조차 확실하진 않죠. 어쨌거나 그는 식민지 해방 과정을 같이했어요. 특히 실비아와 조르주 바타유의 딸인 로랑스 바타유가 사촌인 디에고 마송과 함께 알제리 민족해방전선FLN을 돕는 지하조직에 들어갔을 때, 라캉은 로랑스를 지지해주기도 했죠. 1960년 5월, 로랑스가 체포되어 로케트 감옥에 갇히자 라캉은 '정신분석가의 윤리'를 다룬 세미나의 일부 자료를 타자기로 정리해 보내주었는데, 바로 안티고네에 대한 내용이었어요.

라캉은 이렇게 투쟁적 사회참여를 하지는 않았지만, 그렇다고 해서 정치적 시사 문제에 각별히 관심을 기울이고 프랑스의 문화적 삶에 나타난 본질적 움직임들을 포착하는 데 소홀하지도 않았습니다. 한 예로 라캉은 가톨릭교회가 중대한 정치적 힘을 대표한다는 점을 이해했고, 1953년에는 교황과 만나길 원했죠. 같은 해, 그는 프랑스공산당PCF을 이끌던 모리스 토레즈에게 '로마 강연' 원고를 제출하기도 했어요. 라캉 자신은 결코 공산주의자가 아니었지만, 제가 공산당 당원이었기에—1971년 입당해서 1979년까지 있었죠—주기적으로 저를 불러 당 내에서 벌어지는 토론과 변화에 대해 묻곤 했습니다. 당시는 탈스탈린화가 시작되던 때였고, 라캉은 이를 주의 깊게 지켜보고 있었죠. 그는 교회나 프랑스공산당을 자신이 일으킨 운동에 동참할 이들을 끌어모을 잠재적 양성소로 여겼어요. 정신분석가이기에 라캉은 누구도 거절하지 않았어요. 그는 다채로운 인물들에 주의를 기울이며 옹호했는데, 때로는 존경받을 만한 사람들이 아니었거나 법에서 아예 벗어난 사람들노 있었죠. 하지만 저는 라캉이 그렇게 행동함으로써—면전에서 그의 괴상한 지지에 대해 문제를 제기하려 했던 게 저만은 아니었습니다—, 저와 같은 세대의 몇몇 환자들과 학생들이 극단주의로 빠져드는 것을 막았다고 생각해요. 라캉은 당시 독일이나 이탈리아에서 맹위를 떨치던 테러리즘에 대항하는 진정한 방어막이었습니다. 라캉은 오로지 정신분석의 실천에만 투신함으로써, 또 실제로 그것이 정치적으로 재활용되는 것을 고집스럽게 거부함으로써, 그러한 열망들을 무화시킬 줄 알았던 거죠. 그는 다음과 같은 입장을 취함으로써 상징적 울타리 노릇을 했어요. '저에게 오세요. 혁명이나 극단적 행동보다는 그게 낫죠.' 그래요, 극좌파 중 일부, 특히 몇몇 마오주의자들이 라캉을 내세웠던 게 사실입니다. 그러나 라캉은, 그 시대의 위대한 인물인 마오쩌둥毛澤東에 매혹되긴 했지만, 반대로 마오주의[55]에는 별로 호감을 갖지 않았어요. 여기저기서 라캉이 마오주의자였다는 주장을 접할 때면 정말이지 아연실색하게 됩니다. …… 마오주의적 라캉주의자들이 빈번히 우파 자유주의로 다시 돌아섰다는 사실은 주목할 만한 일이죠.

『**필로조피 마가쟁**』 그렇지만 바디우 씨는 자신을 마오주의적 라캉주의자로 규정하고 있지 않나요?

**바디우** 오늘날 우리가 말할 수 있는 것은 단지 마오쩌둥이 로베스피에르나 생쥐스트, 블랑키, 트로츠키, 레닌 같은 이들처럼 혁명의 위대한 역사에 속한다는 점뿐입니다. 그렇지만 1960년대 라캉주의에 경도되었던 젊은 지식인들이 왜 1970년대에는 마오주의자들이 되었는지를 설명할 필요가 있겠네요. 그저 이상한 우연이었을까요? 절대 그렇지 않아요! 여기서 문제되는 것은 바로 라캉의 주체 개념입니다. 철학을 통해서 이 개념에 정치적 전복의 차원을 부여하는

---

**55** 마오주의는 1960년대 중반부터 프랑스의 영향력 있는 지식인 계층(사르트르, 푸코, 솔레르스, 고다르 등등)을 매혹시킨 놀라운 정치·문화 경향 중 하나이다. 본래 마오주의는 마르크스-레닌주의를 중국의 현실에 맞게 개조하여 계승·발전시킨 마오쩌둥의 혁명 사상을 가리킨다. 특히 1966년부터 약 10년간 마오쩌둥이 벌인 극좌 사회주의운동 '문화대혁명'은 자본주의의 요소를 일부 받아들여 중공업 중심의 경제개발을 도모한 류샤오치, 덩샤오핑 등의 실용주의 노선을 비판하면서, 학생과 청년 홍위병을 중심으로 전개된 대중운동이었다. 공산주의 내부에서 일어난 자체 혁명이자, 청년 반란이라는 점에서 문화대혁명은 유럽 좌파의 혁명 의식을 고취시키는 역할을 했다. 소련의 집단수용소와 주변국들에 대한 폭압정치, 알제리전쟁과 베트남전쟁에 대한 입장 차이로 사분오열된 프랑스 지식인들에게 문화대혁명은 코뮌주의의 진정한 실현으로 받아들여졌으며, 마오주의는 68혁명의 중심 추동력 중 하나가 되었다.

것은 반드시 필요할 뿐 아니라 아주 잘 들어맞기도 합니다. '자기의 욕망을 양보하지 말라'라고 말하는 라캉으로부터 '반항하는 것이 옳다'on a raison de se révolter'[56]라고 말하는 마오로의 이행은 우리에게 당연한 일이었어요.

**루디네스코** 라캉이 혁명적이거나 권위적인 지도자가 아니라 차라리 영국 정치모델과 상당히 비슷한 입헌군주였다는 점―이것을 잊어서는 안 되죠― 을 빼고 말이죠. 파리프로이트학교는 어떤 정치정당이나 이단종파가 아니라 자유의 거처였어요. 라캉은 분명 자신의 환자들과 학생들에게 어떤 전이적 지배를 행사하고 있었어요. 그러나 그들이 라캉을 따른 것은 자발적이었죠. 전체주의적인 라캉을 떠올린다는 건 우스꽝스러운 일이에요. 라캉이 복종을 조장하기는 했지만, 결코 자신의 추종자들을 존중하시 않았고 오히려 자신에게 매혹되지 않으려 애쓰는 이들을 더 높이 평가했다는 점을 고려한다면 더욱 그렇죠.

기본적으로 저는 라캉의 급진성에 대해 정치적 함의를 부여하려는 시도들에 대해 늘 신중해요. 라캉에게 급진적인 점은 인간들 사이의 교환échange에 대해 어두운 전망을 가졌다는 것이죠. 라캉에 따르면, 인간 다수성의 어두운 마법을 부분적으로 걷어낼 수 있는 유일한 장소는 치료뿐이에요. 저는 이러한 토대 위에 어떻게 혁명적 정치를 세울 수 있는지는 모르겠습니다.

---

56  프랑스 마오주의자들의 3대 강령 가운데 하나. 나머지 둘은 '민중에 봉사하라servir le peuple', '탐색하라mener l'enquête'이다.

요컨대 라캉이 정치적인 면까지 포함에서, 전통적 의미의 진보주의자가 아니었다는 것은 자명해요. 그렇다고 거꾸로 그가, 일부에서 때때로 주장하듯, 반동적 사상가인 것도 아니었어요. 몇몇 정신분석가들은 라캉에 기대면서 동성애자들의 결혼과 그들의 아이 입양에 반대했죠. 그러한 조치들이 아버지의 상징적 기능을 뒤흔든다고 주장하면서 말이에요. 여기에는 심각한 오해가 있습니다. 라캉은 동성애자의 성향을 바꾸려 하지 않았고, 또 동성애자가 정신분석가가 되는 것을 허용함으로써 그들을 정신분석계에 받아들인 선구자의 한 사람이었어요. 그리고 앞서 언급한 아버지의 **상징적** 기능은 남성뿐 아니라 여성도 맡을 수 있는 것이에요. 동성애 커플의 경우 둘 중 누구도 이 기능을 떠안을 수 있죠. 가족을 구성할 수 있는 방식은 많아요. 원칙적으로 그 어떤 것도 제외해서는 안 됩니다! 레비스트로스에게 동성애 결혼의 합법화라는 가정假定에 대해 물었을 때, 그의 실질적 대답은 여러 인간 사회에는 가족을 구성하는 수많은 형태가 있기에 그런 일은 그리 놀랄 일도 아니라는 거였어요.

라캉은 성적 차이를 생물학적 결정의 관점에서 바라보기를 늘 거부했어요. 가족의 문제는 아주 일찍부터 그의 관심사였죠. 1938년에 쓴 글인 「가족 콤플렉스Les Complexes familiaux」에서 라캉은 정신분석의 탄생을 아버지 권위의 쇠퇴와 연결시키고 있어요. 여기서 그는 아버지의 추락한 형상에 새로운 가치를 부여해야 한다고 주장합니다. 그렇다고 해서 가부장적 전능의 복원을 호소한 건 아니에요. 이 주제와 다른 모든 주제에서 라캉은, 정치적 측면에서, 프로이트와 마찬가지로 계몽적 보수주의자로 여겨져요.

**『필로조피 마가쟁』** 이 점에 대해 바디우 씨는 어떻게 생각하시나요? 당신에게 라캉은 진보주의자와 보수주의자, 둘 중 어느 쪽인가요?

**바디우** 라캉의 타고난 재능 중 하나는 그 사유의 구성적 모호함에 있습니다. 부인할 수 없는 보수적 단면들과 극단적 급진성의 요소들이 그에게서 공존하고 있죠. 한편으로 인간 동물은 변하지 않는 어떤 토양에 뿌리박고 있어요. 그것은 언어에 의해 구조화되어 있고, 태고의 '법$^{Loi}$'에 동화되어 있죠. 그 법을 조직하는 시니피앙이 '아버지의-이름$^{Nom-du-Père}$'[57]이란 겁니다. 그런데 다른 한편으로 이 인간 동물은 경우에 따라서는 이러한 중력장에서 스스로를 해방시키고 새로운 것을 창안할 수 있죠.

**루디네스코** 그 '법'은 인간이 어쩌지 못하는 것이지만, 그래도 위반의 유희에 자신을 내맡기기도 해요.

**바디우** 바로 그겁니다. 우리가 '법'과 아버지의 상징적 규정만을 고

---

[57] 라캉에게서 법은 항상 언어와 욕망의 관계 안에서 이해된다. 인간의 욕망은 무제한적일 수 없는데, 항상 타자의 욕망과 부딪히기 때문이다. 법이 이 충돌에서 생겨난다면 그것은 성서의 십계처럼 아버지의 명령에 의해 이루어지고, 그 언어적 분절이 규정하는 금지에 따라 우리의 욕망이 조직된다. 이런 의미에서 인간이 언어를 소유하는 것이 아니라 언어가 인간을 관통한다고 볼 수 있다. 정신분석에서 상징계 진입 이전, 즉 법 이전 유아의 욕망은 어머니의 욕망에 함입되어 있다가 아버지가 상징하는 타자의 욕망에 진입함으로써 어머니의 욕망을 벗어나 자신의 욕망을 조직할 가능성을 갖게 된다. 이렇듯 주체는 시작도 끝도 모를, 언어와 욕망의 태곳적부터의 얽힘에 내던져짐으로써 탄생한다. 라캉은 아버지가 영속적으로 법으로서 기능할 수 있는 것은 오로지 그 죽음을 통해서뿐이라고 생각했다. 법에 시니피앙을 부여하는 것은 살아 있는 아버지가 아니라 '아버지의-이름'이라는 것이다.

려한다면, 사실상 라캉을 반동주의자로 만드는 셈입니다. 반면에 우리가 무의식의 구조들에 사로잡혀 있긴 해도 자신의 욕망에서 물러서지 않는 지점에 도달한 주체의 경험에 방점을 찍는다면, 라캉은 해방의 사상가로서 나타납니다. 그것이 바로 라캉의 가르침을 활용하는 저의 방식이죠. 해방이, '법'을 비틀고 거기에 예외를 만드는 그런 움직임이 아니라면 무엇이란 말입니까? 해방은 어떤 국지적 형상 속에서, 어떤 예외 속에서, 정해진 질서 속에서는 거의 보이지 않는 어떤 균열 속에서 돌발하는 겁니다. 사회 전체의 느닷없는 혁명이라는 관념은 의미가 없어요. 이런 관점에서 보면 라캉이 총체적 혁명이나 '위대한 저녁Grand Soir' [58]을 믿지 않는 보수주의자의 입장을 고수하는 것은 옳은 일이죠. 그렇지만 그는 주체의 실천적 해방을 독단적으로 폐기하는 것 또한 마찬가지로 단호하게 비판합니다. 우리는 라캉이 'le Nom-du-père(아버지의 이름)'을 'les non-dupes errent(속지 않는 자들이 헤맨다)'라는 경구로 다시 표현했다는 걸 압니다. 속지 않는 자들les non-dupes이란, 사태의 부정적 핵심을 안다고 주장하면서 해방의 가능성을 냉소적으로 부인하는 사람들이죠. 그들이 헤맨다는 건 바로 그런 의미에서입니다. 그들은 근본적으로 사기꾼이에요. 라캉은 그런 속지 않는 자들에게 속지 않습니다. [59]

**루디네스코** 제가 계몽적 보수주의에 대해 말한 것은 라캉에게 항상

---

**58** '위대한 저녁'은 아나키스트와 마르크스주의자가 공유하는 표현으로, 기존 권력이 전복되고 새로운 사회질서가 수립되는 혁명의 날을 가리킨다.

라캉, 끝나지 않은 혁명

있는 위험한 차원을 부각시키기 위해서예요. 그는 이성과 현대성의 이면을 끊임없이 폭로하는 음울한 계몽의 사상가입니다. 그는 무한한 진보와 모두를 위한 행복이라는 이념을 믿지 않아요. 서구 세계가 언제든 공포와 종말, 허무주의로 기울 수 있다는 것을 그는 너무도 잘 알고 있었어요. 게다가 말년에는 지금의 재앙이 닥칠 것이란 점을 분명히 예고했죠. 인종주의와 그 변형인 공동체주의 communautarisme, 광적 개인주의, 그리고 특히 선동에 좌우되는 대중의 어리석음, 여론의 지배 말입니다. 이는 라캉의 토크빌[60]적 측면이에요. 간단히 말하면 노쇠한 유럽, 빈의 유대인인 프로이트와 달리 라캉은 그의 전거들을 18세기 프랑스와 바로크적 가톨릭 문화, 독일 철학, 20세기의 문학적 현대성, 형식 논리, 구조주의와 말라르

---

**59** 'le Nom-du-père'와 'les non-dupes errent'의 불어 발음은 거의 같다. 정신분석의 많은 부분은 이처럼 시니피앙의 다양한 해석 가능성에 기인하는 끊임없는 자유연상 작업을 통해 수행된다. 맹정현은 이 두 표현에 대해 다음과 같이 분석한다. "정신분석의 목표는 아버지를 극복하는 것이지만, 이러한 극복은 단순히 욕망에 불과했던 아버지의 죽음을 실현하는 것이 아니라 그러한 욕망이 이미 죽어 있는 아버지에게 계속해서 생명력을 불어넣고 있다는 것을 깨닫는 데 있다. 이러한 작업은 아버지를 경유하지 않고는 불가능한 일이며 따라서 오이디푸스를 넘어서는 것은 오이디푸스를 '비켜가는' 문제가 아니라 '거쳐가는' 문제라 할 수 있다. '속지 않는 자는 방황한다'는 라캉의 말은 속아주는 자만이 승리할 수 있다는 역설을 담고 있다."(『리비도로지: 라캉 정신분석의 쟁점들』, 문학과지성사, 2009, 354~355쪽) 혁명에 대한 태도에 비추어 라캉의 자유 이해가, 바타유처럼 자유를 법에 대한 위반으로 보는 것이 아니라 헤겔적 의미에서 법이라는 제한하에서의 자유를 말하는 것으로 받아들인다면, 여기서 바디우의 해석은 독창적인 것으로 볼 수 있다.

**60** Alexis de Tocqueville(1805~1859). 프랑스의 정치가이자 정치사상가, 역사가, 문필가. 프랑스혁명과 미국 민주주의에 대한 분석, 그리고 이를 바탕으로 서구 민주주의의 전개에 대한 통찰력 있는 예측으로 유명하다. 그는 민주주의의 부상과 이에 동반하는 여론의 본질적 역할을 명백히 드러냈다. 그는 민주주의의 피할 수 없는 강화는 인간의 일반적 행동과 태도를 변화시키고 자유를 가져오지만, 동시에 제어장치가 부재한 대중의 우민화는 전체주의적 위험을 내포한다고 보았다.

메의 시에서 가져옵니다.

**바디우** 그래요, 그는 예언자였고, 오늘날의 이 일그러진 세계 이전 인물이었어요. 저는 그가 1980년대 초, 그러니까 우리 자신의 것이 되어버린 이 어리석은 세계가 전개되기 시작하는 바로 그 순간에 죽었다는 것이 상징적이라고 늘 생각해왔습니다. 현대의 자본주의와 야만적 세계화, 한계를 모르는 금융화, 보편화된 신보수주의의 세계 말입니다.

**『필로조피 마가쟁』** 그러면서 우리는 라캉의 현재성 문제에 도달하게 되었네요. 두 분이 보시기에 오늘날 라캉의 사유가 가장 긴요한 영역과 주제는 무엇일까요? 그가 지금 여기 있다면, 어떤 현상들에 맞서 일어섰을까요?

**루디네스코** 21세기는 이제부터 라캉의 세기입니다. 왜냐하면 우리 시대에서 보이는 일탈들은 이미 라캉이 예견한 것들이고, 우리는 라캉의 사유를 통해 그것들과 싸울 수 있기 때문이죠. 그 자신 쾌락을 좇는 사람이긴 했어도, 라캉은 욕망의 진리에 대한 추구를 환상으로 대체하는 맹목적 쾌락주의를 권하지는 않았죠. 라캉은, 타자성이 우리를 구성하는 것임을 부인하면서 자기정체성을 추구하는 정신적 퇴행의 모든 형태에 맞섰고, 인간을 자연성으로, 생물학적 존재로, 신체와 뇌로 환원하는 행동주의와 인지주의에도 반대했어요. 동물을 무척 사랑하면서도 늘 라캉은, 오늘날의 열렬한 환경주의와 동물행동학 추종자들처럼 인간과 동물 사이에 절대적 연속성이 있다는 생각을 우스꽝스럽다고 판단했죠. 자신의 주체와 시니피앙(언어, 말)이론을 통해서 라캉은, 물론 다윈주의자로 계속해서 남긴 했지만, 인간과 비인간 사이에 있는 필연적 간극을 유지했어요. 그런데 만일 우리가 인간에게서 언어와 심리적 주체성이라는 특성을 은폐한다면, 언제든 파시즘적 과학주의로 되돌아갈 수 있겠죠. 신경세포(뉴런)를 면밀히 조사하면 인간을 이해할 수 있다는 주장이 있으니까요. 이런 주장을 하는 사람들은 고통받는 사람들의 말에 귀기울이지 않고, 순전히 기계적으로 약을 처방해서 환자들을 진력나게 괴롭혀가며 고통을 다루죠. 여기에 어디 주체가 있죠? 그 개별성으로부터 무엇이 돌발하나요? 주체는 조롱당하고, 흔적도 없이 사라져버립니다.

**바디우** 확실히 라캉은 그 자체가 질병이나 다름없는 이리석은 인지-행동요법을 비난했을 겁니다. 그는 증상을 무제한적으로 의학에 흡수하고, 주체에 대한 인식의 최고봉이라며 소개되는 저급한 심리학이 비상하는 현실에 맞서서 일어섰겠죠. 라캉은 진정한 지식을 희생해가면서까지 미디어를 통해 이루어지는 소통의 전능을 조롱했을 거예요. 자신이 그토록 소중히 여기던 대학 담화discours universitaire의 가혹한 쇠퇴도 감지했을 테고요. 의미의 거대한 평준화와 겉치레의 만연은 그에게 혐오감을 불러일으켰을 겁니다. 우리를 통치하는 자들이 안전을 과도하고도 가련하게 물신화하는 것도 마찬가지죠. 루디네스코 씨가 좀전에 말씀하셨듯, 제게도 라캉은 나날이 우리를 엄습하는 비통한 어리석음에 대한 중요한 치유책으로 보입니다.

**루디네스코** 분명 라캉은 진부하기 그지없는 이데올로기적 프로그램들의 회귀를 봉쇄했을 거예요. 포퓰리즘, 심리주의$^{psychologisme}$, 스스로를 희생자로 여기는 데서 생겨나는 불평, 일반화된 가치평가 등등에 대해서 말이죠.

『**필로조피 마가쟁**』 코뮌주의를 다시 가동시키려는 일부 철학자들의 시도에 대해서도 라캉은 빈정거리지 않았을까요? 바디우 씨는 여기에 속하시죠?

**바디우** 수상쩍은 빈정거림이죠! 코뮌주의를 부정하는 사람들은 속지 않는 자들의 전형입니다. 그들은 그때그때 힘있는 자들을 시중들면서 헤매죠. 코뮌주의는 유토피아의 정반대이고, 불가능한 것으로서의 실재가 갖는 진정한 이름입니다. 코뮌주의를, 또는 해방적 예외들이 지닐 수 있는 다른 모든 이름을 양보하는 일은 진정한 정치적 욕망의 모든 형태을 양보하는 겁니다. 실제로 계몽적 보수주의자였던 라캉은 '공포$^{la\ Terreur}$'를 무릅쓰느니 차라리 양보하는 편이 더 낫다고 생각했을 겁니다. 하지만 그렇더라도 라캉은 현 세계의 비참이라는 결론에 도달했을 거예요. 충분히 받아 마땅한 비참이라고…….

**루디네스코** ……제대로 된 벌이죠!

2부 | 혼돈을 사유하다

◉ 2부 대담은 2011년 10월 4일 프랑스 국립도서관에서 '라캉, 사후 30년'이라는 주제로 열린 토론회 내용을 마르탱 뒤뤼가 옮기고 저자들이 전면 검토·수정해서 수록한 것이다. 라디오방송국 '프랑스 퀼튀르France Culture', 『필로조피 마가쟁』의 후원으로, 장루이 그라통이 기획하고 크리스틴 고에메가 사회를 보았다.

**크리스틴 고에메** 라캉 사후 30년이 지났지만, 라캉이 이처럼 살아 있던 적은 없었습니다. 전 세계에 걸쳐 라캉의 사유와 그것을 담고 있는 언어가 정신분석의 실천 영역에만 한정되지 않고 확산되어가고 있으니까요. 라캉은 현재의 위기와 서구 문명을 엄습하는 불안에 대해 분석할 수 있게 해줄 조작적 개념들을 만들었습니다. 라캉의 현대성을 다루기 전에, 두 분께서 먼저 라캉이라는 인물의 초상을 대략적으로 그려주시겠습니까?

**바디우** 라캉이라는 인물을 떠올리는 것은 단지 한 위대한 사상가의 초상을 그리는 일만이 아닙니다. 그것은 20세기의 사유와 행동에 있어 예외적인 한 순간으로 되돌아가는 일이기도 하죠. 그런 관점에서 라캉은 반박의 여지가 없는 대가입니다. 그의 말과 독특한 글들은 정신분석과 그 분석 행위의 경계를 훨씬 뛰어넘어 놀랍도록 폭넓은 반향과 울림을 얻고 있습니다. 곧바로 격렬한 논쟁을 불러 일으켰다는 점에서도 라캉은 대가이죠. 라캉이 그렇게 공격당한 것은, 그가 보여주는 새로움이 선명하면서도 결정적이었기 때문입니다. 또한 그가 학파를 만들고 제자들에게 둘러싸여 있었기 때문이기도 하죠. 누구나 알다시피, 제자란 본래 자신의 스승을 배반하려는 유혹을 이따금 느끼게 마련입니다. 제자는 그런 수단을 자신이 갖고 있다고 생각하죠. 게다가 라캉 자신도 이 점을 너무도 잘 알고 있었어요. 그가 보기에, 선생 위치에 있는 사람이 필연적으로 맞닥뜨리는, 근본적으로 윤리적인 시련은 언젠가 배신을 감내해야 하는 일입니다. 실제로 라캉은 수없이 헐뜯기고 배신당했는데, 아마 자기 동시대의 다른 누구보다도 더 심하게 그랬을 거예요. 오늘날에도, 또 앞으로도 계속 그렇겠죠. 이 점에서 그는 진정 프로이트의 계보에 속하는 셈이죠. 프로이트도 생전에 격렬하게 비판받고 헐뜯겼으니까요.

라캉에 대한 공격들을 이해하기 위해서는 그의 사유가 뿌리내리고 있는 지적 문맥을 재구성할 필요가 있습니다. 1950~60년대의 전환기에 철학계는 쇠퇴하던 현상학(사르트르, 메를로퐁티)과 한창 도약중이던 구조주의(레비스트로스, 알튀세르, 푸코 외 다수) 사이의 갈등이 팽배하던 상황이었죠. 그런데 이 두 경향 사이에서 라캉은 이론적으로 아주 독특한 입장을 견지했습니다. 한편으로 그는, 임상 경험에 의해 식견이 생기고 과학적 확실성의 모델에 의해 인도되어, 주체적 경험을 결정하는 체계로서 무의식 개념을 혁신했죠. 그렇지만 다른 한편으로는, 전부 다 갈아엎는 한이 있더라도, 현상학의 핵심을 이루던 주체 개념—특히 주체를 의식과 자유의 이론에 결부시키는 사르트르의 개념―을 견지하려 했습니다. 라캉은 힘든 길을 걸었죠. 구조주의와 현상학이 가파른 사면을 이루는 능선 위를 말입니다. 한편으로 그는 '하나의 언어처럼' 구조화된 무의식이 주체의 구성을 결정한다는 것을 보여줌으로써 구조주의의 유산을 끌어모아 재주조합니다. 다른 한편으로는 저마다 윤리적 성격의 자유로운 위험을 떠안을 가능성을 단언함으로써 주체의 개념을 그 모든 급진성에서 재구성하죠. 라캉의 주요한 세미나들 중 하나가 '정신분석의 윤리'(1959~1960)라고 명명된 것은 우연이 아닙니다. 이 윤리적 차원은 주체 자신이 자기 욕망의 구조를 단언하고 그 권리를 요구하는 것을 포함합니다. 라캉의 유명한 표현을 빌려 고쳐 말한다면, 명령은 '자신의 욕망을 양보하지 말라'는 것인데, 라캉은 이 표현이 대체로 '자신의 의무를 행하라'는 의미라고 말하곤 했죠.

이처럼 저는 라캉이 대가인 것은 두 요구가 수렴하는 지점에 그가 위치하기 때문이라고 말하고 싶습니다. 먼저 라캉은 계몽적 인간으로서 합리성의 요구와 과학성의 이상을 떠안고 있죠. 그에게서 과학성의 이상은 구조의 절대성 및 한번도 저버린 적 없는 주체적 경험의 형식화formalisation에 대한 추구와 합쳐집니다. 두번째로 그는 자신의 고유한 운명을 형성하는 주체의 비환원성을 받아들입니다. 이는 반역적이면서도 극적인 시각인데, 연극, 특히 그리스 비극에서 크게 영향받은 것이죠. 라캉은 그리스 비극을 끊임없이 참조했어요. 연극의 위력을 알아차렸던 계몽적 인간, 그것이 바로 제가제시하고자 하는 라캉의 초상입니다.

**루디네스코** 라캉은 분명 대가였어요. 정신분석을 넘어 세계 모든 문화의 관심을 불러일으켰던 프로이트의 사유를 아주 대폭 재건립했으니까요. 그러나 라캉이 정신분석가였던 사실은 상황을 몹시 복잡하게 만들었죠. 오늘날 라캉의 사유와 치료에 대한 견해는 그를 실제로 대면한 적 없는 임상의들을 통해 전달되고 있어요. 그들은, 라캉에게 직접 분석을 받았지만 라캉 사후 뿔뿔이 흩어진 의사들의 제자들이죠. 그러니까 이 임상의들은 전이적인 방식으로, 라캉의 사유보다는 그 사유를 저마다 다르게 해석한 해석가들이 서로에게 품었던 혐오를 물려받은 것이죠.

그리고 이 상황은 위험하지 않다고는 말할 수 없어요. 위험은 라캉의 사유를 종파적으로 재전유하는 데 있죠. 이것이야말로 오늘날 정신분석가들을 짓누르는 위협입니다. 특히 정신분석가들이 자기들 학문 분과의 역사에 대해 전혀 알려 하지 않고, 이를 '간접적'으로 전해받기만 한다면 더욱 그렇겠죠. 물론 철학자들과 인문학 연구자들에게는 선생들이 있어요. 그러나 정신분석 영역에서 선생의 인격에 대한 동일시와 전이[61]라는 문제틀은 매우 중요해요. 라캉의 분석을 받은 많은 임상의들은 라캉을 앞세우며 갈래갈래 흩어져 서로 경쟁관계를 이루었죠. 그러니까 라캉의 유산 계승에는, 직접

---

**61** 라캉에게 '전이'란 분석수행자가 무의식과 맺는 관계가 분석가와의 관계에서 현재화되고 재현됨을 말한다. 그것은 주체가 타자와 맺는 언어적 관계 안에서 작동하는 생리적 욕구와 그것을 항상 넘어서는 욕망, 이 둘 사이의 간극인 충동의 변증법을 재가동시키는 것이다. 즉 전이란 주체가 상상계, 상징계에서 타자의 욕망과 대면하면서 생긴 표상되지 않는 트라우마를 환상이라는 방어장치를 통과하여 다시 경험하게 하는 것이다. 결국 관건은 분석수행자가, 분석가가 재현하는 타자의 요구에 대한 자기 동일시로 돌아가 주인과 노예의 관계를 되풀이하는가, 아니면 반대로 자신의 실재적 욕망과 대면하여 진정한 주체로 거듭나는가이다.

라캉, 끝나지 않은 혁명

적으로 말해, 아주 복잡한 측면이 있어요. 스스로 주권적 위치를 차지한 정신분석가들은 정신분석학을 일으켜 세운 이들의 저작에 대한 통제권과 독점권을 가로챘어요. 마치 자신들만이 규범이 되는 텍스트들을 이해하고 이를 실행에 옮길 수 있다는 듯이 말이죠.

프로이트는 이미 그러한 장기 압류 대상이었죠. 프로이트 사후 그의 자료들이 대중에게 개방되는 데는 거의 30년이 걸렸어요. 오늘날 라캉에게는 똑같은 문제가 훨씬 더 심각하게 제기되는데, 이는 진정한 라캉 공동체가 존재하지 않는 탓이에요. 반면 프로이트의 계승자들은 나치가 물러난 뒤 국제정신분석협회$^{IPA}$를 통해서 자료실(워싱턴 국회도서관)과 기념관(런던의 프로이트박물관)을 마련하는 데 그럭저럭 성공했죠. 라캉의 경우에는 그러지 못했어요. 모든 것이 나뉘고 흩어져버렸으니까요. 제 생각에는 라캉의 가르침이 반드시 세속화되어야 할 이유, 그러니까 정신분석학계의 울타리 너머로 확산되어야 할 이유가 바로 거기에 있습니다. 프로이트가 이제는 정신분석학회만이 아니라 다른 곳에서도 연구되는 것처럼 말이에요. 요컨대 라캉주의자들이 계속해서 라캉을 독점하게 놔두어서는 안 됩니다.

이제 바디우 씨가 말한 것으로 돌아가면, 저는 라캉에게서 이성적 사유와 연극에 대한 성찰의 결합이 보인다는 점에 전적으로 동의해요. 거기에 덧붙이자면, 그에게 비극적인 것$^{le\ tragique}$에 대한 지향과 열망은 자신이 주장했고 수행했던 프로이트로의 복귀의 한 형태입니다. 철학에서 고대 그리스에 대한 참조는 언제나 아주 중요하죠. 정신분석에서도 이런 참조는 피해갈 수 없는데, 주로 그리스 비극을 중심으로 이루어져요. 정신분석을 공부하거나 그것과 함께

할 때 우리는 그리스 비극과 끈질기게 대면하지 않을 수 없어요. 중요한 것은 오이디푸스 콤플렉스라는 통속화된 심리학이 아니라, 비극에 대한 성찰입니다. 19세기 말에 프로이트가 서구 부르주아 가정의 사소한 일들을 그리스 비극, 다시 말해 무의식적 운명으로 귀착시키지 않았다면, 그는 피에르 자네와 같은 신경증 심리학자로 남아 있었을 거예요. 결국 이로 인해 정신분석의 진정한 사상가들은 저마다 그리스 비극을 경유하지 않을 수 없게 되었죠. 마치 철학자들이 현재를 사유하기 위해 언제나 철학의 기원들로 되돌아가야 하는 것처럼 말이에요.

이 점에서 보면 프로이트와 라캉 사이에는 하나의 결정적 차이가 있어요. 그리스의 여러 왕조에서 가장 비극적인 가문으로, 소포클레스에게 많은 영감을 주었던 라브다코스[62]의 계보 중에서, 프로이트는 '오이디푸스 왕'을 특별히 선호했어요. 스스로 패배를 모르는 빛나는 존재라고 확신했던 왕, 영광과 지혜의 정점에 도달했지만 결국 자신의 혈기와 **오만**hubris의 희생자가 되고 만 그 왕의 이야기 말입니다.[63] 그런데 라캉은 어떤가요? 그는 '콜로노스의 오이디푸스'[64]

---

62  그리스 신화에 나오는 테베의 왕이자 오이디푸스의 조부.

63  오이디푸스Oedipus라는 이름은 어떻게 끊어 읽느냐에 따라 '부어오른 두 발' 또는 '나는 안다'라는 뜻을 지닐 수 있다. 지혜로 테베의 왕이 된 오이디푸스도 자신을 근친상간으로 옭아맨 운명의 손아귀에서 벗어날 수는 없었다는 신화의 얼개가 그 이름에 이미 내포돼 있는 것이다. 정신분석의 시각에서 보면 이 이름은 지식과 욕망의 모순관계를 단적으로 드러내는 이름이라 할 수 있다. '오만'을 뜻하는 Hubris(또는 Hybris)는 고대 그리스 비극을 이해하는 핵심어 중 하나로, 과도한 감정이나 태도, 모욕, 불손함 등을 의미한다. 이는 말이나 행동에서의 경계선, '법'의 위반을 지칭하며, 정의나 규칙을 대변하는 디케dike나 어쩔 수 없는 운명을 뜻하는 아난케ananke와 연결된다. '오만'은 폴리스와 인간에게 파괴적 영향을 끼치는 어떤 에너지의 폭발로도 간주되는데, 그리스 비극의 영웅들을 특징짓는 속성이다.

를 강조하죠. 또한 마지막 순간의 오이디푸스, 모든 빛을 잃고 죽음을 눈앞에 둔 채 자신의 후손을 저주하는 한 늙은이에게도 관심을 기울입니다. 그러니까 비극적인 것의 의미가 프로이트와 라캉이 다른 거예요.

프로이트는 가부장적 권위가 지닌 전능함의 실패를 이론화했죠. 1909년, 로마의 산 피에트로 인 빈콜리 성당의 율리우스 2세 무덤을 위해 미켈란젤로가 제작한 저 유명한 조각상을 통해 프로이트가 모세에 관심을 가졌을 때, 그는 이 선지자가 자신의 화를 승화시켜, 자기가 없을 때 우상숭배로 돌아서버린 민중에게 율법판을 내던지지 않고 참아내는 방식에 강하게 끌렸어요.[65] 이후 프로이트는 자신이 그 기원을 이집트에서 찾은 최초의 유일신교를 위대하게 하는 것이 유대교(정체성으로서의)가 아니라 유대성$^{judéité}$(보편화할 수 있는), 사유하고 반항하는 능력, 자기성체성에 관계된 표싱과 징조와 예종으로부터 빠져나올 수 있는 능력이라는 생각을 부각시켰

---

64  오이디푸스 이야기와 관련된 소포클레스 비극 3부작은 『오이디푸스 왕』, 『안티고네』, 『콜로노스의 오이디푸스』이다. 이 가운데 『오이디푸스 왕』은 '오이디푸스 콤플렉스'와 직접 연결되는 작품이고, 『안티고네』는 오이디푸스와 그 어머니이자 아내인 이오카스테 사이에서 나온 딸 안티고네 이야기다. 안티고네는 조국을 배신하고 죽은 오빠 폴리네이케스 매장을 둘러싸고 새로 왕이 된 외삼촌 크레온 왕과 대립하다 처형을 앞두고 스스로 목숨을 끊는다. 반면에 『콜로노스의 오이디푸스』는 보다 종교적이고 철학적이다. 이 작품에서는 이렇다 할 사건이 거의 벌어지지 않는데, 대신 장님이 된 늙은 오이디푸스의 자기 일생에 대한 변론과 복원이 이루어진다. 이 작품은 오이디푸스가 흔적도 없이 사라지는 신비스러운 결말로 끝맺는다.

65  미켈란젤로의 모세 상은 머리에 뿔이 나 있고 율법판을 오른팔로 감싸 안은 모습이다. 프로이트는 「미켈란젤로의 모세」(1914)라는 논문에서 이 조각상에 관해 "실제로 화를 냈고 석판을 던져 깨트려버렸던 성서의 모세가 아니라고 사람들이 항의할지 모르지만, 이 모세는 예술가가 생각해낸 새로운 모세"라고 평가하면서, 모세를 이집트인이라 했고 유대인에 의해 살해된 인물로 보았다. (요세프 하임 예루살미, 『프로이트와 모세$^{Freud's\ Moses}$』, 이종인 옮김, 즐거운상상, 2009, 82-83쪽 참조)

죠. 즉 우상과 이미지가 아니라 자기통제와 합리성이라는 것입니다. 이는 유대교에 이어 나타난, 대중과 격정의 종교인 기독교와 정반대되는 겁니다.

라캉은 회복할 가능성 없이 산산조각난 권위에 관심을 기울이죠. 또한 로마 가톨릭 종교에 매혹되었는데, 거기서 늘 그는 상충하는 두 가지 형상만을 간직합니다. 바로 정치권력(교회와 교황들의 권력)과 타자에 대한 신비주의적 인식(여성들에 의해 구현되며, 자기 파괴에까지 도달하는 대상이 없는 순수 신앙)이에요. 그러니까 '콜로노스의 오이디푸스'는 오이디푸스도 모세도 아닙니다. 더이상 어떤 위대함도 지니지 못한, 끝장난 왕의 최종판일 뿐이죠. 그의 불행에는 이제 어떤 숭고함도 남아 있지 않아요. 그는 여전히 정정하지만 아무것도 아니며, 이미 죽은 거예요. 라캉에겐 그런 게 바로 비극적인 것이죠.

안티고네로 말하자면, 프로이트는 자신의 딸 안나 프로이트를 가리킬 때 빼고는 언급하지 않아요. 안나는 아버지의 유산을 물려받고 동시에 아버지의 버팀목이 되어주느라 독신을 감수했죠. 라캉의 사유를 사로잡고 있는 안티고네는 완전히 다른 안티고네입니다. 소포클레스의 이 인물에 대한 헤겔의 독법[66]에 깊은 영향을 받은 라캉은 자신의 욕망을 절대 양보하지 말라는 계율을 말하죠. 라캉에 따르면 안티고네는 신비주의자예요. 그녀는 자신의 고유한 성향을 좇을 만반의 준비가 되어 있는 주체의 완고함과 비환원성을 구현하고 있어요. 안티고네가 자신의 오빠를 매장하기 위해 삼촌 크레온의 법령에 맞서는 명분이 되는, 국가의 법과 가족의 불문법 간의 저 유명한 대립은 라캉이 선택한 중심 주제가 아니에요. 라캉의 눈에 안티고네는 비극적인 것의 심급 그 자체죠.[67] 끝장난 왕의 동반자인 안티고네는 죽음을 향한 주체의 도약이 기입된 것, 즉 양도할 수 없는 욕망의 이름이에요. 그녀는 어떤 방식의 매장이냐는 차원을 넘어, 망자에 대한 의례(장례)를 요구합니다. 라캉에게 있어 안티고네는 여성적 극점의 우월함까지 말하지는 않더라도, 그것을 함축해서 보여주는 여성이에요. 반면에 프로이트가 가리키는 세계는 차라리 남성적이죠.

마지막으로 연극에 대해 한마디만 할게요. 인간 라캉은 비범한 배우, 뛰어난 연극배우였어요. 라캉의 세미나는 하나의 연극무대였죠. 같은 시기에 이루어진 바르트나 푸코의 강의보다 훨씬 더 연극적이었어요. 라캉은 끊임없이 공연을 했어요. 라캉에게 모든 것은 말이었고, 글로 옮겨가는 일은 큰 고통이었습니다. 글쓰기는 그를 두려움에 떨게 했죠. 라캉의 강언에 잠식한 사람들은 결코 잊을

---

**66** 헤겔은 안티고네와 크레온의 대립에서 여성/남성, 가족/국가, 의지/운명, 신의 법/인간의 법, 보편성/특수성, 불문법/성문법의 대립을 보고 있다. "안티고네는 크레온의 정치권력 아래서 살고 있다. 그녀 자신은 왕의 딸이자 하이몬의 약혼자이다. 따라서 그녀는 왕에 복종해야 한다. 그렇지만 크레온도 아버지이자 남편이다. 그는 혈연관계의 성스러움을 존중해야 하며 그에 대한 경건을 저해하는 것을 옹호해서는 안 된다. 이처럼 두 인물은 자신들 안에 각자가 맞서 일어서는 것을 지니고 있으며, 자신들에게 고유한 실존의 테두리에 속하는 것에 의해 사로잡혀 부서진다. 안티고네는 신혼의 단꿈을 맛보기 전에 죽고, 안티고네의 죽음으로 상심하여 자살하는 아들과 또 그 아들의 죽음을 보고 자살하는 아내의 죽음에 의해 크레온도 처벌받는다." (Hegel, *Esthétique 2*, Livre de poche, 1997, 687쪽)

**67** 라캉이 보기에, 자신의 욕망을 양보하지 않은 안티고네는 윤리적 영웅이다. 그녀는 크레온이 대표하는 타자의 욕망에 굴복하지 않고 자신의 고유한 욕망을 관철하려 함으로써 잔혹한 결말을 맞이하기 때문이다. 라캉은 안티고네와 크레온의 갈등을 비유적으로 해석하는데, 이때 비극은 헤겔의 말처럼 공동체에 관련된 정치적인 것이라기보다, 자신의 욕망이 말하는 새로운 의무로써 자신 안에 체현된 타자의 요구에 저항하는 그녀의 태도에 있다. 라캉에게 주체가 받는 고통의 진정한 이유는 자기 욕망의 목소리를 따라 행동하는 데서 오는 잘못이 아니라 자신의 욕망을 실행하지 못하는 무능함에 있는 것이다. 바디우는 이를 정치적인 것으로 재해석하고 있다.

수 없는 경험을 했어요. 자기 자신의 무대를 만들어내는 라캉의 재능을 새로운 세대들도 알 수 있도록 모든 것을 촬영해놓지 않은 것은 후회스러운 일입니다.

**고에메** 라캉은 정말 유머감각이 대단했죠…….

**루디네스코** 맞아요. 그러나 제가 강조하고 싶은 것은 라캉에게 있는 비극의 차원을 잊어서는 안 된다는 거예요. 라캉의 저작을 읽거나 희귀한 영상자료를 볼 때면 그에게서 어떤 커다란 고통이 드러나 보이죠. 라캉은 자신의 사유를 전달하는 어려움에 고통스러워해요. 이 계몽의 인간은 충분히 명확하지 않을까봐, 이해되지 못할까봐 계속 두려워합니다. 그의 어려운 저작이 어떤 사람들에게는 난해하게 보일 수 있다는 것도 사실이긴 하죠.

제가 마주한 라캉적 순간들에 대해 마지막으로 덧붙이자면, 제가 그의 가르침을 발견한 것은 바디우 씨보다 좀더 늦었어요. 개인적으로 저는 1950~65년 사이 구조주의자 라캉에 대해 특히 탄복하고 있어요. '로마 강연'과 「문자의 심급」을 집필하고 시니피앙 이론을 만들며, 알렉상드르 코이레[68]를 뒤따라 과학성을 결의하는 라캉 말이에요. 마찬가지로 저는 이미 말씀드린 것처럼 두 차례 세계대전 사이의 라캉에 대해서도 애정을 갖고 있죠. 그때 라캉은 바타유와 초현실주의자들과 교류하고, 서구 가족의 시니피앙을 해체하기 시작하는 현상학자였죠. 저는 가장 최근에 쓴 책인 『라캉, 모든 것을 무릅쓰고*Lacan, envers et contre tout*』에서, 끝까지 언어의 모험을 계속하는 1970년대의 마지막 라캉을 그렸죠. 죽음과 자기 저작의 전달 문제에 사로잡혀 있는 라캉, 이질적인 것, 상징화를 벗어나는 것, 아주 어두운 무언가를 이해시키고 실재를 핵심 위치에 두기 위해 자신의 위상학(SIR: 상징계<sup>le Symbolique</sup>, 상상계<sup>le Imaginaire</sup>, 실재계<sup>le Réel</sup>)을 뒤엎는 밤의 라캉이요. 이성의 한 비틀거림.

**고에메** 도식화해보자면, 라캉은 프로이트와는 달리 무의식의 조건과 얼개로서의 언어에 절대적인 우위를 두었다고 말할 수 있겠는데요. 하지만 라캉은 프로이트를 읽었고, 프로이트 원전으로의 복귀를 실행했던 인물로도 소개됩니다. 이 명백한 역설은 하나의 뚜렷한 차이를 담고 있죠. 빈의 전형적인 부르주아인 정신분석의 창시

---

68 Alexandre Koyré(1892~1964). 러시아 출신의 프랑스 철학자이자 20세기 최고의 과학사가 중 한 사람이다. 코제브, 바타유 등과 함께 라캉을 현대 철학으로 이끌었다. 1922년부터 파리 고등실천연구원 교수로 있으면서 '독일의 사변적 신비주의' 등을 가르쳤고, 1930년대 초에는 헤겔 사망 백주년을 맞아 헤겔의 종교철학에 대한 세미나를 진행했다. 앙리 코르뱅, 코제브, 바타유 등도 이 세미나에 참석했으며, 코이레가 신설된 '근대 유럽의 종교사상사' 학부를 맡으면서 헤겔 세미나는 코제브가 넘겨받았다. 코이레는 플라톤, 갈릴레이, 뉴턴을 주로 연구했고, 근대 과학의 문제들을 종교사와 형이상학에 연결시키는 특출한 능력으로 높게 평가받는다. 그의 인식론과 과학사 연구는 갈릴레이와 16·17세기의 우주론을 대상으로 한다. 코이레는 17세기 근대 물리학의 탄생에서 '과학혁명'을 보았다. 아리스토텔레스 우주론의 '닫힌 세계'에서 뉴턴의 '열린 우주'로 이행하는 일은 물리학이 근거했던 형이상학적 토대의 근본적 변혁을 전제한다. 코이레에게 17세기의 과학혁명은 유한하고 질서정연한 하나의 전체로 이해된 세계, 공간적 구조가 가치와 완벽함의 위계를 구현하는 세계, 가치의 인간계와 천체들의 필연성이라는 아리스토텔레스의 이분법적 세계가 동질적이며 필연적인 무한 확장을 특징으로 하는 유클리드 기하학의 공간으로 대체됨을 의미한다. 17세기의 과학적 사유는 가치·완벽함·의미·목적에 근거한 성찰들을 대체한다. 이러한 과학성에 의해 '존재'를 특징짓던 '완벽함'이 실추되고, 가치의 세계와 사실의 세계는 철저히 구분된다. 아리스토텔레스의 이분법적 세계 이해는 이렇게 동일한 법칙들에 지배받게 되었지만 또다른 이분법(현상들의 세계와 수학의 순수 추상세계)이 등장한다. 인간세계가 언뜻 보기엔 과학적 연구와 별로 상관없는 듯하지만 코이레에게 이는 사실이 아니다. 그는 어떻게 과학적 진실들이 항상 하나의 특수한 역사, 심지어 순전히 개인적 정황에 의해 발견되는지를 보여준다. '뉴턴의 사과'는 이를 여실히 보여주는 예다.

자와 파리의 코스모폴리탄이자 선동가인 라캉 사이에는 문체상의 간극도 존재합니다. 두 분은 이 점을 어떻게 생각하시나요?

**바디우** 라캉에게 문체 문제는 사실 아주 근본적이며, 그의 핵심 정체성에 속하는 부분입니다. 아름다운 고전적 언어로 쓰인 프로이트의 산문은 치밀하면서도 명확하고, 사유의 실질적 움직임에 상응하는 해명을 추구하고 있죠. 반면 라캉의 문체는 여러 측면에서 무의식의 물결들에 좀더 근접한 것처럼 보입니다. 그의 문체는 모든 반성적 의식을 빠져나가는 것을 언표 속에서 포착하니까요. 라캉의 글쓰기에는 어떤 마법이 있어요. 그 마법은 저에게 아주 깊은 영향을 미쳤고, 그 효과는 말라르메 같은 몇몇 현대 시인들이 내뿜었던 매혹과 유사하죠. 라캉의 언어가 채택하는 책략은 이런 것이죠. 마치 각각의 문장이 일의적 이해를 벗어나는 **잔여**$^{reste}$을 갖고 있는 것처럼, 사람들이 이해했다고 믿는 것보다 항상 더 생각하게 하는 글쓰기. 언표되는 실재$^{la\ chose\ dite}$는 그 즉각성을 초과하며, 그에 대한 최초의 이론적 포획으로 소진되지 않는 잠재적 언표$^{un\ dire}$에 붙잡혀 있어요. 그런데 라캉은 청중과 독자를 매혹시키는 동시에 낙담시키려고 수사학에 빠졌다는 비난을 자주 받았습니다. 사실 라캉의 문체는 프랑스어의 통사적 미로와 아주 프랑스적 요소인 격언$^{sentence}$을 아주 훌륭하게 배합하고 있죠. 라캉은 실제로 "성관계란 없다", "여성은 없다", "속지 않는 자들이 헤맨다", "그것이 생각하는 곳에서, 나는 존재하지 않는다" 등등 너무나 유명한 공식들$^{formules}$[69]을 만들어내기도 했고요. 라캉을 프랑스의 위대한 모랄리스트$^{moraliste}$[70] 계보에 속하게 하는 이런 언표들은 우리를 꿈의 아포리아와 놀라움으

라캉, 끝나지 않은 혁명

는 극단적으로 다른 글쓰기를 보여주죠. 프로이트는 빅토르 위고에 가까워요. 왜냐하면 그는 매일 정말 쉽게 글을 썼으니까요. 지칠줄 모르는 서간문 작가인 프로이트는 2만 통 이상의 편지를 썼고, 그중 절반은 나중에 발견되었죠. 이 방대한 서신에 관심을 기울이지 않은 채 그의 저작을 제대로 연구할 수는 없어요. 거꾸로 라캉에게는 글쓰기가 고통이죠. 글쓰는 일은 언제나 그에게 비극적 시련이었어요.

그러니까 결국 서로 닮은 구석이라고는 전혀 없는 두 사람이 있는 거예요. 어쨌든 1950년대부터 프랑스에서, 그토록 풍성했던 프로이트로의 복귀를 시도한 것은 바로 라캉이었어요. 놀라운 역설이죠. 라캉은 정신의학에 뿌리를 두고 있었고 가에탕 가티앙 드 클레랑보[72]의 학생이었으며, 프로이트를 곤란하게 했던 모든 것과 정신병에 관심이 많았어요. 그러나 프로이트를 만날 수 있었는데도 이를 거부했던 라캉이 말 그대로 프로이트 원전의 엄밀한 의미로 되돌아갈 수 있었던 것은, 그가 정신분석의 창시자와 너무도 멀리 떨어져 있었기 때문(그리고 지적인 면에서 철저히 프로이트에게 불충실했기 때문)이었죠.

라캉은 자신의 시도에 호의적이지 않은 역사적 상황 속에서 프로이트로의 복귀를 실행했어요. 1950년대 내내 정신분석 단체들은 프로이트를 '극복'하려고, 철지난 것으로 여겨지던 빈의 프로이트

---

72 Gaëtan Gatian de Clérambault(1872~1934). 프랑스의 정신의학자. 파리 경찰국 정신병원 원장을 지냈고, 여성의 연애망상과 페티시즘, 도착증에 대한 연구로 유명하다. 라캉은 1928년 경 그에게 배웠으며, 이는 라캉이 프로이트로 향하게 되는 중요한 계기가 된다. 훗날 라캉은 클레랑보를 자신의 유일한 스승으로 인정한다. 한국에는 『여성의 에로틱한 열정과 페티시즘 Passion érotique des étoffes chez la femme』(숲)이 번역되어 있다.

를 내버리려고 애썼어요. 게다가 이는 프로이트를 알았으며 나치즘 때문에 유럽을 떠나야 했던 사람들, 모두 유대인이었으며 영미세계에 힘들게 동화된 뒤로는 더이상 떠올리길 원치 않는 침몰한세계에 대한 기억을 간직하고 있던 사람들이 바랐던 일이죠.

신앙과 모든 형태의 국수주의와 단절한, '프랑스 내륙 출신'의 가톨릭신자였던 라캉은 빈으로의 회귀를 내세우며 무대에 등장했어요. 하지만 어떤 빈을 말했던 것일까요? 이민자들의 빈이 아니라, 구조와 시니피앙으로 꿈꿔지고 다시 발명된 빈이었죠. 정신분석은의식을 전복시킬 수 있는 일종의 전염병(페스트) 같은 것이라는 관념을 라캉이 창안한 것은 바로 1955년 빈에서 한 강연(「프로이트적인 것<sup>la chose freudienne</sup>」)에서였어요. 라캉은 오스트리아–헝가리 제국의유럽을 겪어보지 못했죠. 그는 프랑스인이었고 진정한 파리지앵이었으니까요. 그런 게 힘든 점이었죠. 프로이트의 작업을 전례없이재건축한 사람, 제 표현에 의하면 '프로이트주의의 정통적 지양<sub>止揚</sub>'을 이끌었던 사람이 역사적 빈의 제국인도 이민자도 아니었으니까말이죠. 라캉은 외부에서 온 누군가였고, 프로이트의 신화에서 거의 '폐제된<sup>forclos</sup>' 주체였어요. 아무도 라캉을 기다리지 않았죠. 프로이트는 물론 아니고요. 따라서 라캉이 왜 그토록 일찍이 국제 정신분석 기관들의 분노를 초래해 결국 제명에까지 이르렀는지 쉽게 이해가 됩니다. 라캉은 위협적인 이방인, 잠재적인 이단자로 받아들여졌어요. 그는 빈 출신이나 북미 출신 같은 프로이트의 공식 계보그 어디에도 속하지 못했죠.

**고에메** 바디우 씨도 이 말에 동의하시나요? 라캉이 프로이트에게 충고 흔들리는가? 단언컨대, 동시대의 어떤 철학자가 자신이 걸어온 길의 어느 순간에 철학에 대한 라캉의 해석과 씨름한 적이 없었다고 한다면, 저에게 그는 중요한 철학자일 수 없습니다.

어쨌거나 정신분석의 프로이트식, 빈식 모델을 재편하고 비틀기 위해 라캉이 철학을 동원했다는 것은 아주 의미심장한 일입니다. 동시에 이러한 사실은 암암리에 두 학문분과 사이에 일종의 경쟁관계가 만들어지도록 부추겼죠. 라캉은 자신 안에 이런 갈등을 지니고 있었습니다. 그것은 잠복해 있다가도 명백히 드러나곤 했죠. 어떤 때 라캉은 철학 무대의 인물로 나타났고, 또 어떤 때에는 자신이 고안한 완전히 새로운 공간, 즉 분석의 공간 속에서 철학을 해체하기 위해, 철학을 떠나는 사람이었습니다. 마법사처럼 라캉이 철학사의 영예로운 단면들을 눈앞에 내보이는 것은 오로지 자신의 정신분석적 창조의 위대한 위투 $\hat{\text{術}}$으로 그것들을 사라지게 하기 위해서일 뿐입니다.

**루디네스코** 그것이 바로 또다른 역설이에요. 라캉은 아주 강렬한 몸짓으로 철학을 정신분석의 장으로 데려온 인물이죠. 하지만 라캉이 철학과 맺은 관계는 일종의 사투예요. 라캉은 철학과 더 나은 충돌을 일으키고자 철학을 자양분으로 삼아요. 매순간 라캉은 철학과 육탄전을 벌이죠. 프로이트는 철학에 대한 입장이 라캉과는 완전히 달랐어요. 이 점은 중요해요. 1960년대 프랑스 지식인들이 라캉을 읽은 **다음** 프로이트를 읽는 것은 드문 일이 아니었어요. 그들은 라캉이 재건축한 정신분석에 비추어 프로이트를 읽었죠. 『프랑스 정신분석사*Histoire de la psychanalyse en France*』집필에 주력하고 있을 때,

저는 본래의 프로이트를 재발견하기 위해 제 자신을 '탈라캉화'해야 했어요. 프랑스 바깥에서 라캉의 저작을 읽느라 얼마나 많은 프로이트적 정신분석가들과 프로이트 저작의 주석가들이 큰 고통을 겪는지 알고 있어요. 요세프 하임 예루샬미[73]나 칼 쇼르스케[74]가 특히 그렇죠. 사실상 앵글로색슨 세계에서 라캉은 문학과 인류학(문화인류학과 젠더 연구) 분야에서 많이 연구됩니다. 그러니까 그곳에서는 라캉을 철학자로 보거나 문화인류학자 또는 문학이론가로 보는데, 정신분석가로 보는 경우는 아주 드물어요!

고에메 두 분은 라캉과 작가들과의 관계는 어떻게 규정하시나요? 라캉의 저작은 사드에서부터 조이스에 이르기까지 여러 문학작품을 참조합니다. 이 관계에서도 철학자들의 사례와 같은 도식, 그러니까 전유와 거부의 이중적 관계를 볼 수 있나요?

루디네스코 자신이 거론하는 서사가 누구이든 간에 리캉은 통합의 과정을 진행해요. 다른 사람이 동일한 순간에 자신과 동일한 것에 대해 말했다고 생각하니까요. 라캉은 자주 자기 이전의 사상가나 작가가 자신의 고유한 성찰들을 선취했다고 보았죠. 앞서 언급했다

---

73 Yosef Hayim Yerushalmi(1932~2009). 컬럼비아 대학 교수로 유대 역사와 문화를 연구했고 정신분석에도 관심을 기울였다. 프로이트의 마지막 저서 『인간 모세와 유일신교』를 정밀하게 분석한 『프로이트와 모세』를 펴냈다.

74 Carl Schorske(1915~ ). 미국의 문화사가로 버클리 대학, 프린스턴 대학 교수를 지냈다. 『세기말 비엔나*Fin-de-Siècle Vienna*』로 퓰리처상을 받았다. 이 책은 19세기 말 문화의 중심지였던 오스트리아 빈(비엔나)을 배경으로 유럽의 지성사와 문화사를 그리고 있으며, 프로이트를 비중 있게 다루고 있다.

시피 그는 플라톤이 **이미** 라캉적이었다고 다소 유머러스하게 주장하기도 했어요. 이런 동일시로 말미암아 일부 라캉주의자들은 우스꽝스러운 견해를 내놓기도 했고요. 예를 들어 몇몇은 프로이트가 벌써 라캉적이었고, 라캉의 개념들이 프로이트의 저작에서 이미 발견된다고 생각했죠.

라캉은 동시대인들이 자신을 '표절'한다고 느꼈어요. 이런 특질은 병적이 될 수도 있는 것이었죠. 자신의 편지에서 라캉은 사람들이 자신을 베끼고 자기 생각을 훔치고 있다고 끊임없이 단언해요. 라캉 자신도 몇몇 철학자의 저작에 길게 주석을 달고 그 전반적 내용을 자기 것으로 삼으면서 말이죠. 이러한 태도는 갈등의 원천일 수밖에 없었어요. 가령 자크 데리다와의 관계를 떠올려봐요. 데리다는 라캉 저작의 주의 깊고 세심하며 양보 없는 독자였요. 그래요, 라캉은 데리다를 견딜 수 없어했어요. 그는 데리다가 자신의 생각들을 훔쳤다고 주장했죠. 아니면 마르그리트 뒤라스 같은 몇몇 작가들이 "나, 그것은 타자이다", "타자, 그것은 나이다", "그 또는 그녀는 나처럼 한다" 등과 같이 자신의 생각과 호환되는 생각만을 보여준다고 평가했죠.

자신에게 깊은 영향을 미친 작가들로 말하자면, 라캉은 자신이 가까이 지내며 어울렸던 초현실주의자들에 대해서 끝내 별로 언급하지 않았어요. 그의 취향이 초현실주의자들보다는 말라르메와 조이스의 시적이며 문학적인 경험으로 그를 이끈 것은 분명합니다. 라캉은 『율리시스』와 『피네건의 밤샘』의 새로운 언어에 정말로 매혹되었고, 그것을 자기 안에 통합시켰어요. 어쨌거나 제 생각에 철학과 연극—그리스 비극, 또한 셰익스피어와 폴 클로델—과의 관계가 그에게는 좀더 풍요로운 자산이었죠.

**바디우** 우리가 철학과 문학, 연극에 대해 말하고 있지만, 그래도 오늘날 형식화에서의 논리적 수식들과 형식과학들이 라캉에게 미친 본질적 영향을 놓쳐서는 안 됩니다. 처음에 라캉은 로만 야콥슨의 구조주의 언어학에 기댔어요. 그다음에는 조지 불이나 프레게의 수학적 논리학으로 돌아섰고, 1970년대의 세미나에 상응하는 세번째 시기에는 자신의 개념장치들 속에 수학의 집합이론, 그리고 보로매오 매듭[75]의 탐구와 함께 위상학과 기하학적 대수학을 장착했습니다. 따라서 라캉이 엄밀한 의미에서 형식화 작업의 가장 현대적 형태들을 배워나가던 시기의 이야기는 아주 풍부하죠. 라캉은 비극적 극작술과 말라르메의 위대한 시, 조이스의 언어 폭발, 빈의 개념적 유산을 통합하는 것만으로 만족하지 않았던 겁니다. 이는 찬사를 받을 만한 일이죠. 라캉 지식의 갈래들은 가장 따분한 형식적 학문분과들에도 가지를 뻗고 있습니다.

왜 그런 것까지 필요했을까요? 핵심은 이런 것이죠. 저는 이미 라캉이 주체의 비극—낭만주의와 사르트르 실존주의의 계보에서—과 구조주의의 양립을 시도한 점을 강조한 바 있습니다. 라캉은 이중의 목표를 쫓습니다. 한편으로는 주체의 비환원성을 단언하고 (안티고네적인 극적이고도 윤리적인 형상과 더불어), 다른 한편으로는 전달 가능한 구조적 세계 안에 이 같은 비환원성을 배치하는 것이죠. 마지막의 라캉은 자신의 고유한 개념인 '수학소'를 창안하

---

**75** 앞의 주 49 참고.

기 위해 수학과 위상학으로 선회합니다. 그런데 수학소란 우리가 치료의 주체적 경험을 투사하고 전달할 수 있는 형식적 공간입니다. 이때 그 경험은 이성적이고 과학적이며 남김없이 전달될 수 있는 하나의 모태에 연결되죠. 그렇지만 이러한 전달이 실제로는 주체적 경험의 전체를 포함할 수는 없어요. 주체에는 언제나 형식화와 논리-수학적 포착을 벗어나는, **결국** 형식적 지식을 통해 전달되지 않는 무언가가 있습니다. 어떤 의미일까요? 마지막의 라캉에게 주체는 떼려야 뗄 수 없이 실재에 묶여 있다는 점입니다. 라캉의 개념적 내용에서 실재란 상징화에 절대적으로 저항하는 것인데, 이 상징화는 수학과 논리학 또는 위상학에 의해 실행될 수 있죠. 이 모티프는 반복적으로 나타납니다. 주체가 갖는 실재의 지점은 '상징화될 수 없지만 그 안에 있는in-symbolisable'[76] 것이에요. 그러니까 라캉은 실재의 근본적 난관을 실험해보기 위해 형식화 안에서 최대한 멀리 나아가는 것이죠. 어느 순간, 온전한 형식화는 중단되어야 하는데, 왜냐하면 이 형식화가 더이상 그것이 포착하려는 것 자체를 붙잡지 못하기 때문이에요. 바로 이 순간이 주체가 갖는 실재의 지점을 우리가 건드리는 순간입니다.

이상이 제게는 라캉 사유의 가장 강렬한 움직임 중 하나로 보이며, 이것은 마찬가지로 그의 글쓰기에서도 다시 솟구칩니다. 형식화를 좌절시키고 그 매듭을 풀어버리는 무엇이 돌발할 때까지 형식화를 밀고나가고 확장시키는 일 말입니다. 이로부터 후기 라캉에

---

76 바디우는 라캉의 실재가 근본적으로 분절된 언어에 의해 상징화될 수 없지만 그에 의해 지칭될 수 있음을 표현하기 위해 insymbolisable에 하이픈을 삽입하여 접두사 in-의 두가지 뜻(부정의 의미와 내부에 있다는 의미)을 모두 간직한다.

게 보이는 훌륭한 매듭의 형상이 나옵니다. 매듭은 꽉 묶여 있는 것이면서 동시에 풀어지는 것이죠. 매듭은 그것을 묶는 일과 푸는 일이 실질적으로 구분될 수 없는 곳, 동일한 것이 되는 실재의 지점입니다. 매듭 이론을 통해 라캉은 길 잃은 독자들에게 자신의 모든 사유에 대한 궁극의 은유를 제공한 셈입니다. 그런데 바로 이 지점에서 루디네스코 씨의 의견은 저와 다르다고 보는데요…….

**루디네스코** 라캉 사유 도정의 이 마지막 단계는 제게 시사하는 바가 커요. 마지막 세미나들에서 라캉은 갑자기 어떤 사변적 망상으로 빠져들어요. 그는 고집스럽게 자신의 매듭을 묶고 풉니다. 라캉과 함께 연구하던 피에르 수리나 미셸 토메, 장미셸 바페로 같은 수학자들이 이 모험에 동참했어요. 여러 개의 고리들과 좌표가 있는 채색 도안 등 그때의 발자취는 많이 있어요. 라캉의 경우 이 모험과 더불어 말과 발언이 점차 사라지죠. 말년에 무수한 신조어를 만들어내면서도 라캉은 실어증까지는 아니어도 거의 말하기를 거부했어요. 당시 자신의 고유한 사유를 공공연히 파괴하는 라캉의 모습은 매혹적이었죠. 믿기지 않는 행동이었을 뿐더러 이른바 이론 만능에 대한 궁극의 도발, 최후의 일격인 양 근본적으로 전복적이었어요. 그는 자신의 아포리아들과 싸우며 절망으로 침잠해 들어갔죠. 라캉은 죽음을 두려워하면서도 거기에 용감히 맞섰어요. 개인적으로 이 점에서는, 일부 라캉 추종자들이 그러듯, 그를 흉내낼 수 있다고 보지 않아요. 과도한 형식화와 이 형식화의 난점들이 분석의 실천에 무슨 기여를 했나요? 적어도 저는 기여한 바 없다고 봐요. 왜냐하면 특히 그것들이 치료를 비인간적이게 만드는 경향이 있는, 저로서는 공유할 수 없는 잔인하고 난폭한 형식주의로 분석의 시간을 와해시켜버렸으니까요. 어쨌거나 문제는 열어두기로 하죠. 마지막에 라캉이 최후의 고뇌에서까지 영웅적이었다는 점을 부인하지는 않아요. 오히려 그 반대죠. 그렇지만 저는 그 최후의 탐색이 그 자체로 임상의 부활을 가져오리라고는 보지 않아요.

**고에메** 라캉의 시도는 그것이 주체의 모든 심리화를 차단했다는 점에서도 중요하지 않을까요?

**루디네스코** 맞아요. 심리학에 대한 거부는 라캉에게 일관되죠. 라캉은 심리학을 끔찍이 싫어했어요. 그 시기에는 라캉만 그런 것도 아니었죠. 저희 세대는 그런 혐오감을 충분히 공유했는데 바람직했다고 봐요. 1956년 '심리학이란 무엇인가?'라는 강연에서 조르주 캉길렘이 행한 유명한 공격은 여전히 시의성이 있어요. "소르본 대학을 나와 생자크 거리를 지날 때, 우리는 올라가거나 내려갈 수 있습니다. 올라가면 위인들을 모셔둔 팡테옹에 가까워집니다. 그러나 내려가면 분명히 경찰청으로 향하게 됩니다."[77] 새로운 세대의 거의 모든 정신분석가가 치료기관에 들어가려면 억지로 심리학 공부를 해야 했던 만큼, 오늘날 이 공격은 더욱 시의적절하죠. 이는 심리학과 관련해 정신분석이 위험천만하게 외부에 머물러 있다는

---

77 캉길렘이 철학이라기엔 엄정함이 떨어지고 의학이라기엔 검증되지 않았다며 심리학을 비판하면서 한 말이다. 심리학부가 있는 소르본 대학을 나온 심리학자는 위인들의 무덤인 팡테옹에 묻힐 만한 위대한 학자가 되지 못하는 한 인간을 도구화하여 부르주아 사회에 적응시키는 전문 기술인에 머물게 될 것임을 뜻한다.

사태 자체로 인해 아주 문제적이에요. 잠깐 덧붙이자면, 정신의학은 그렇지 않죠. 정신분석가 교육은 미래를 위해 아주 중요한 일입니다.

라캉의 프로이트 회귀는 여기서 방향타 구실을 해요. 그에게 정신분석은 그야말로 반反심리학이죠. 라캉은 자아에 열중하는 미국의 **자아심리학** 학파를 경멸했어요. 의식을 예속화하는 행동주의자들보다 더 나을 것도 없는 실존의 심리화라는 암초를 피하기 위해 라캉은 더 많은 무의식, 더 많은 실재를 원했어요. 가족 갈등에 대한 진부한 성찰을 초래하는 오이디푸스 콤플렉스에 대해 장광설을 늘어놓는 일을 라캉이 철저히 피한 것은 우연이 아닙니다. 이 점에 있어서 주체성의 오이디푸스화에 대한 들뢰즈의 비판은 옳았어요.

**고에메** 말년의 라캉으로 다시 돌아와보면, 바디우 씨는 이때의 라캉을 매우 좋아하시나 봅니다…….

**바디우** 사실이에요. 그렇다고 그것이 제가 지적했듯 라캉이 논리학과 위상학을 중시하면서 형식과학들에 기댔기 때문만은 아닙니다. 그때의 라캉에게서 제가, 이 점은 루디네스코 씨와 같은데, '콜로노스의 오이디푸스'를 볼 수 있었기 때문이기도 합니다. 라캉이 애정을 갖고 있던 것은 '오이디푸스 왕'이 아니라는 점으로 돌아와 이것을 강조할 필요가 있습니다. 그가 기만당한 왕의 모습에서 자신을 발견하진 않죠. 반면에 '콜로노스의 오이디푸스'의 특징들을 통해서는 자신을 볼 수 있었습니다. 그러니까 한 인간이 스스로 자기 존재의 매듭을 풀어내고 이 마지막 결말을 듣고 싶어하는 사람에게 그 사실을 알리는 상황 속에서 말입니다. 분명 여러 가지 측면에서 이런 태도는 모호한, 유령 같은 것이죠. 그러나 여기에 주체의 비극이 응축되어 드러나는 겁니다. 자신의 욕망을 절대 양보하지 않는 일, 그것은 또한 사람들이 견고하게 만들어 묶어놓았다고 믿는 것을 해체할 수 있고, 또 그렇게 할 줄 아는 것을 말합니다. 마지막 시기의 라캉은 분명히 이해하기 힘들지만, 이런 시각에서 본다면 그에 대한 이해는 훨씬 더 폭넓어지고 특별한 중요성을 띠게 됩니다.

라캉의 죽음이 제게 아주 특별한 사건으로 다가왔던 이유 중 하나가 바로 이 점입니다. 스승들이 어느 날 돌아가셔야 한다는 것을 우리는 알고 있습니다. 그래도 라캉의 죽음은 어떤 독특한 아우라를 띠었는데, 이는 그 죽음이 라캉의 저작과 공명하기 때문이었죠. 라캉의 죽음은 정확히 '콜로노스의 오이디푸스' 영향 아래 있던 그의 말기 사유를 닮아 있습니다. 온 세상에 자신의 사라짐이라는 풀리지 않는 수수께끼를 남기고 사라지는 한 노인의 모습 말입니다. 말하자면 라캉은 힘든 곡예를 성공시킨 셈이에요. 라캉 말년의 무언증無言症과 죽음은 그가 남긴 수수께끼처럼 난해한 유산의 일부입니다. 30년이 지난 지금도 라캉의 신비는 여전히 풀리지 않은 채 남아 있어요. 우리가 라캉을 한 사람의 선생으로 받아들인다고 해도, 우리가 그의 저작에 대해 갖는 관계는 안정될 수 없습니다. 우리는 끊임없이 이 사람에 대해, 이 사유에 대해 물을 테니까 말이죠. 실상 **정말로** 문제가 되는 것이 무엇일까요? 정신분석? 물론이죠. 철학? 어떤 점에선 그래요. 현대적 글쓰기, 언어의 모험? 당연하죠. 주체의 극적 구성? 그것도 맞아요. 또 무엇이 문제일까요? 어떤 가늠할 수 없는 잔여가 있지 않나요? 라캉은 언제나 하나의 수

수께끼, 분류 불가능하고 온전히 해독 불가능한 저자였고, 앞으로도 그럴 겁니다. 그에게 내재하는 다중성은 예나 지금이나 무정하게 사람들을 당혹시키죠.

**루디네스코** 전적으로 동의해요. 말년의 라캉은 그 몸 자체로 보나 거동과 몸짓으로 보나 '콜로노스의 오이디푸스'로 변모했어요. 그는 놀라움을 금치 못할 이상異常 증세를 보이기 시작했죠. 육체적 능력과 사유의 해체뿐 아니라 자신이 세우고 이끌던 학파마저 해체했어요. 저는 라캉이 말을 멈추고 잠자코 있던 세미나들을 너무도 생생히 기억해요.[78] 인상적인 순간들이었죠. 이후 몇몇 사람들은 고약하게 비꼬면서 빈정댔어요. 이런 드러내 보임의 논리 속에는 초현실주의적인 무언가가 있었어요. 라캉은 더이상 아무 말도 하지 않았고, 자신의 고유한 언어의 해체 속에서 나타나 **자기**se를 드러내 보였죠.

**바디우** 실제로 그런 몸짓은 초현실주의적인 것이지만, 또한 비트겐슈타인에 아주 근접한 것이기도 합니다. 또하나의 철학적 통합이겠네요.『논리-철학 논고』를 끝맺는 저 유명한 문구는 우리 모두 알고 있죠. "우리가 말할 수 없는 것은, 말하지 말아야 한다." 실재가

---

**78** 루디네스코는 라캉 전기에서 그런 순간 중 하나를 다음과 같이 묘사한다. "[1978년] 11월 21일에 열린 첫번째 세미나에서 라캉은 청강생들 앞에서 말을 잃었다. 라캉과 마찬가지로 이들 역시 할말을 잃고 당황한 기색을 보였다. 이들은 약 25년 동안 여러 세대의 지성인과 정신분석가들에게 숨돌릴 겨를을 주지 않던 목소리를 잃어버린 지친 노인을 주시했다. 강의실은 비극의 절정에 이른 것 같았다."(『자크 라캉 2』, 양녕자 옮김, 새물결, 2000, 251쪽)

'상징화될 수 없지만 그 안에 있는in-symbolisable' 것이라면, 결국 그것은 그에 대해 우리가 말할 수 없는 것, 그러니까 그에 대해 침묵해야 하는 것이죠. 그러나 말할 수 없는 것에 대해 침묵한다는 것은, 여전히 비트겐슈타인의 관점에서 보면, 그것을 가리켜야 한다는 것을 내포합니다. 우리는 우리가 의무로서 침묵을 지켜야 한다는 것을 내보여야 해요. 저에게는 말로 표현할 수 없는 실재를 계속해서 손가락으로 가리키는 최후의 라캉이 그려져요. 그 몸짓이 가리키고 내포하는 것이 진정 무엇이었는지를 더이상 알 수 없지만 말이에요. 우리는 라캉을 죽음 자체처럼 하나의 수수께끼로서 물려받은 겁니다.

**고에메** 2011년 9월에 쇠유Seuil 출판사에서 『……혹은 더 나쁘거나……ou pire』[79]린 제목으로 1971~72년 세미나가 출간되있습니다. 이 책은 라캉이 독자의 주의를 환기시키는 유머를 섞어 이 제목에 대해 논평하는 것으로 시작되죠. "아마도 여러분 중 몇몇은 이해했겠죠. ……그렇지 않고 더 나쁘게는ou pire 결국 제가 언제든 이해시킬 수 있습니다." 라캉은 서문 끝에 이렇게 덧붙입니다. "내 제목은 이 공

---

[79] 라캉의 이 세미나 제목은 키르케고르의 『이것이냐 저것이냐Enten-Eller』의 프랑스어 제목 'ou bien… ou bien…(……이거나 ……이거나)'을 변형시킨 것이다. 라캉이 프로이트로의 복귀를 외쳤듯, 19세기에 키르케고르는 초기 그리스도교 신앙으로의 복귀를 외쳤다. 라캉에게서 인간이 상징체계로 진입함으로써 말하는 존재로 태어나지만 자신의 존재를 상실하고 타자와의 관계를 잃어버리듯, 키르케고르에게서 인간은 원죄에 의해 태어나면서부터 자기 자신을 잃어버리고 끊임없이 사랑을 찾아 헤맨다. 시간적 실존에 처해 감각적 단계와 윤리적 단계 사이의 갈림길에서 주체의 선택을 묻는 키르케고르의 질문이 어떤 더 좋음bien(주인으로서의 신에 대한 상기와 그에 대한 지식의 재전유로 중심화된)을 내포한다면, 라캉은 이를 더 나쁨pire(타자와 관계맺을 수 없다는 불가능성)에 대한 정신분석의 성찰로 응수한다.

백의 자리가 갖는 중요성을 강조하고, 또한 이 공백의 자리가 언어의 도움으로 무언가를 말하는 유일한 방법임을 보여주는 것입니다." 이 제목과 특히 이 세미나에 대해 한말씀 해주시겠습니까?

**바디우** 이 이상한 제목 『……혹은 더 나쁘거나』는 명백히 구두점으로 어떤 긴장을 개입시키고 있어요. 그러나 이 중단은 또한 실재로서 도래하는 무언가를 내포하죠. 그것의 완벽한 문장, 온전한 표현은 "성관계는 없다…… 혹은 더 나쁘다"입니다. 그러니까 문제는 '아닌 것$^{le ne-pas}$'이라기보다 '더 나쁜 것$^{ce qui est pire}$'이에요. 이 점이 흥미로운데, 왜냐하면 처음부터 라캉은 현실에서 상상계의 형상과 현현을 몰아내는 데 늘 주력했기 때문이죠. 어떤 점에서 본다면 더 나쁜 것은, 우리가 공백, '근본적인 있지-않음$^{un ne-pas-être fondamental}$'의 장소와 자리에 강제로 우상의 현존을 강요할 때 생겨납니다. 저는 이론적이고 문체적인 이유들 때문에 라캉의 초기 세미나들도 몹시 좋아합니다. 라캉은 거기서 침착함을 보여주는데, 그것이 나중에는 기발하게 흐트러질 겁니다. 그런데 제일 처음 세미나인 『프로이트의 기술적인 글들$^{Les\ Écrits\ techniques\ de\ Freud}$』에서 라캉은 이런 인상적인 질문을 던집니다. 치료는 가장 순수한 고대적 문체로 정의와 용기에 대해 보고하면서 끝나야 하지 않는가? 이 질문은 라캉이 정신분석, 더 나아가 모든 지적 노력에 부여한 사명의 요지이자 출발점과 같습니다. 시원에서부터 크게 벌어져 있는 것을 결코 이콘$^{Icon}$으로 메워서는 안 된다는 것이죠. 애초의 심연을 결코 상상계의 창조물로 막아서는 안 된다는 뜻입니다. 늘 그렇듯 라캉은 단호하게 철학은 정치의 구멍을 메우는 일 외에 아무것도 하지 않았다고 말한 적이 있습니다. 철학자들에게는 매우 준엄한 말이죠. 그래도 저는 그가 무엇을 말하려는지 확실히 압니다. 결국, 솜으로 구멍을 막느니 새로운 구멍을 파는 편이 낫다는 것이죠. 요즘에는 이른바 인권적 도덕이라는 주장과 칸트로 돌아가자는 구호가 그런 솜입니다. 사람들이 '새로운 철학'이라고 이상하게 부르는 것이 실제로 철학에 속한다면, 솔직히 저는 이 점이 아주 의심스럽습니다만, 라캉의 표현은 완전히 정당화될 겁니다. 그런 사람들이야말로 사력을 다해 정치의 구멍을 메우려고 애쓰는 자칭 철학자 부류인 셈이죠.

**루디네스코** 그 표현은 라캉이 철학이나 일반적 정치에 대항하여 보여 줄 수 있는 과격함을 증언하고 있어요. 『……혹은 더 나쁘거나』는 실제로 라캉이 언어유희를 통해 비천함과 **일자**—者UN에 대해, 성관계의 불가능성에 대해 말하는 기이한 세미나네요. ou pire는 s'⋯oupir로도 쓸 수 있습니다.[80] 이 세미나는 이런 사랑의 공식에 관해 한 장을 할애하죠. "나는 내가 너에게 주는 것을 받지 말기를 너에게 요구해. 왜냐하면 그것은 그것이 아니기 때문이야." 이는 널리 회자되는 "사랑이란 우리가 갖고 있지 않은 무엇을, 그걸 바라지 않는 누군가에게 주는 것"이라는 말과 공명합니다. 달리 말해 여기서 라캉은 실재에 더 다가가기 위해 상징계를 전복함으로써 새로운 논리적 구성에 몰두하고 있죠. 그리고 물론 여기에는 바디우 씨가 말했듯, 메워질 수 없는 심연을 보이게 하려는 라캉의 아주 강렬한 생

---

80  s'oupir란 동사는 존재하지 않지만, s'⋯oupir는 '더 나빠지다' 또는 '한숨짓다soupir' 정도의 의미로 해석할 수 있다.

각이 있는 거예요. 이는 라캉이 자기 제자들에게 일종의 우상이 되던 시점에 일어나는 일이에요. 라캉은 가장 나쁜 것으로 나아가고자 자신이 만들어놓은 것을 무너뜨리죠. **과학**의 인간인 현대인이 가장 나쁜 것을 지향할 수 있다는 것을, 두 주체 사이의 관계란 그토록 불가능한 것임을 보려주려고 애쓰면서 말이에요. 라캉은 상징계의 맞은편에 실재계를, 욕망의 맞은편에 주이상스를 놓습니다. 그리고 융합되기를 바라는 모든 관계의 맞은편에 관계의 불가능성을 놓아두죠. 우리는 우리가 갖고 있지 않은 것, 타인이 바라지 않는 것을 주니까요. 그러니까 실존은 그 자체로 비극인 겁니다. 마지막 라캉의 이런 가혹한 비관론에는 20세기 역사의 가장 **나쁜 것**을 떠올리게 하는 무언가가 있어요. 바로 아우슈비츠이죠. 유럽의 유대인 말살에서 라캉은 실제로 '더 나쁜 것'을 보았던 거예요. 그는 이 말살을 죽음 충동의 분출이라는 시각으로 해석했어요. 그러나 이 사건이 철학에 있어서 사유할 수 없는 휴지休止를 나타낸다는 테제를 되풀이하지는 않았죠. 또 여기서 문제되는 것이 누구도 해석할 수 없는 비인간적 공포라고도 말하지 않았죠. 오히려 반대로 정신분석만이 마지막의 프로이트를 다시 읽음으로써 이 사건을 사유하는 데 기여할 수 있다고 단언했어요. 두 번에 걸쳐 라캉은 무의식에 대한 새로운 접근을 확립하는 요소로서 엄청난 말살의 시니피앙을 동원하기까지 했어요. 첫번째는 1964년 파리프로이트학교 창설 시 '정신분석의 네 가지 근본 개념'에 대한 '세미나'[81]에서, 라캉이 자신의 학파를 정신분석 협회들의 경직화에 맞서 프로이트의 사유를 혁신하는 곳으로 만들려 한다면서 '홀로코스트'를 상기시켰을 때이죠. 두번째는 1967년 자신의 '10월 9일 제안'(제1판)에서 정신분석가 교육을 위해 '통과passe' 절차[82]를 도입하고자 했을 때고요. 이때 라캉은 국제정신분석협회[IPA]가 나치의 박해를 받은 정신분석가들의 피난처 역할을 했었다고 말했지만, 이후 이 협회가 인종분리의 왕국이 되었다고 곧바로 덧붙였어요. 새로운 야만의 세계—과학주의의 세계 그리고 대중사회가 주체들을 규범화하는 세계—에 맞서서, 프로이트적 보편주의의 가치들을 복권시켜야 한다고 라캉은 단언했죠.

죽음 충동의 개념이 정신분석 운동의 역사에서 그 비방자들(주로 미국인)과 옹호자들(주로 유럽인) 사이에 맹렬한 논란을 불러일으켰다는 사실을 떠올려보죠. 1920년 프로이트는 『쾌락 원칙을 넘어서』에서 하나의 가정으로서 이 개념을 도입했어요. 이 놀라운 사변적 텍스트는 유럽이 갈색 페스트[83]에 유린되어감에 따라 프로이트를 상당한 비관론으로 이끌게 됩니다. '어제의 세계', 프로이트의 노쇠한 유럽은 점차 음울한 색채를 띠어가죠. 그리고 후세에 남기는 진정한 유언이라 할 『인간 모세와 유일신교』(1939)에서 프로

---

**81** 이 세미나는 1973년 라캉 세미나 시리즈 가운데 가장 먼저 책으로 출판되었다.(세미나 11권) 편집은 자크알랭 밀레가 맡았는데, 밀레가 라캉 세미나에 처음 참석한 것이 바로 이 세미나였다. 현재 한국에 번역된 유일한 라캉 원전도 이 세미나 11권이다.(자크알랭 밀레 편, 『자크 라캉 세미나 11: 정신분석의 네 가지 근본 개념』, 맹정현·이수련 옮김, 새물결, 2008)

**82** 라캉이 파리프로이트학교[EFP]에 새로 도입하자고 제안한 분석가 자격 부여 절차가 '통과'이다. 라캉학파의 분석가(AE)가 되고자 하는 회원은 두 명의 분석가에게 자신이 분석받았다는 사실을 증명하고, 라캉이 주재하는 위원회에서 그 내용을 심사하는 절차이다. 그전까지 분석가 자격은 1964년 EFP 창설 당시 정회원이던 이들에게만 부여되었다. 이들 기존 회원은 새로운 계획에 부정적이었으나, 라캉은 1968년 젊은 회원들의 지지를 등에 업고 이 안건을 통과시켰다. 결국 이에 반대하던 장폴 발레브레가, 피에라 올라니에, 프랑수아 페리에는 EFP를 탈퇴해 '프랑스어권정신분석회[OPLF]'를 만들게 된다.

**83** 2차대전에서 갈색 제복 때문에 붙은 나치의 별칭.

이트는 악의 본질을 쫓기 시작하는데, 우리의 무의식 속에 유대성의 감정이 전해내려오고, 그것은 유대교를 넘어서서도 떨쳐낼 수 없다는 경악스러운 가정을 하고 있어요. 따라서 우리가 유대적인 자기를 증오한다고 해도 이 유대성에 꼭 따라붙는 반유대주의를 없앨 수는 없다고 말해요.

정말 대담한 주장이죠! 일부 정신분석가들이 왜 말년의 프로이트를 거북해했고, 그가 좀더 임상에 관한 저술로 돌아가기를 바랐는지 알 만합니다. 그러나 오늘날 이 프로이트는 철학자들과 인류학자들, 역사가들의 관심을 계속 불러일으키고 있어요. 마침내 RSI(실재계·상징계·상상계)로 현대 세계에 도전장을 던지는 라캉에게 프로이트는 일종의 논리적 모델이죠. 마지막의 라캉에게서 실재는 명확해지고 해방됩니다. 그것은 말로 표현할 수 없는 것, 명명할 수 없는 것, 광기에요. 이 전복을 진지하게 받아들인다는 것은, 그 자신과 자기 학파의 해체를 향해 나아가는 라캉의 행보를 드러내는 일이죠. 마지막의 라캉은 진보도, 변화도, 혁명도 믿지 않아요. 과학의 인간이자 화려한 합리주의자인 라캉은 해가 갈수록 철저한 회의주의자가 되어가죠. 이런 점에서 그의 유산은 다소 불명확하다고 할 수 있어요…….

**바디우** 노쇠한 고전작가 누구에게서나 보이는, 모종의 낭만주의가 라캉에게도 있지 않았나 싶습니다.

**루디네스코** 확실히 그래요. 그래서 제가 이 마지막 라캉을 발타자르 클라에스[84]에 견주는 겁니다. 발자크가 만들어낸 이 인물은 생애 말년을 연금술에 빠져 보내다가, 숨을 거두는 순간에야 과학에는 전할 수 없는 어떤 깨달음을 얻어요. 그는 자신을 괴롭혔던 의문에 답을 내놓지 못하고 생을 마감하죠. "고집스러웠던 저는 이제 갑니다." 라캉의 말이에요. 여러 달에 걸쳐 서서히 쇠약해지면서도 그는 마지막까지 자신에 대한 냉철함을 잃지 않았죠. 그렇다고 그 말이 유언은 아니에요. 프로이트와는 반대로 라캉은 아무것도 유산으로 남기지 않아요. 라캉은 자신이 매듭과 끈을 엮어 세운 것을 부숴버려요. 그렇기에 프로이트의 유산보다 라캉의 유산이 더 위험에 처한 거죠. 초기에 라캉 주위로 모여들었던 정신분석가들은 아무 유산도 물려받지 못했어요. 그들은 해체된 잔해만 받았죠. …… 또 그들은 무슨 대단한 개념이라도 되는 양 '해체 작업'을 끊임없이 요구했어요. 우리는 정신분석의 영역 바깥에서 라캉의 저작을 재점유해야 한다는 인상을 갖게 됩니다. 그것이 라캉의 작업을 되살리는 유일한 방법이니까요.

**고에메** 결론적으로, 라캉이 어떤 점에서 우리 시대를 이해하는 데 유용한 사상가인지 두 분의 견해를 듣고 싶습니다.

**바디우** 라캉은 여전히 우리에게 아주 중요한 선생입니다. 그 가장 큰 이유는 이거예요. 현대 세계는 불확실성과 방향 상실, 항구적 위기의 유령에 사로잡혀 있죠. 그런데 라캉은 위대한 혼돈의 사상가입

---

**84** 오노레 드 발자크의 소설 『절대의 탐구』의 주인공. 만물의 근원을 이루는 원소만을 가지고 금강석을 만들겠다는 목표를 위해 절대의 과학을 추구하다 몰락하는 인물이다.

니다. 보다 포괄적으로, 우리는 정신분석을 주체의 혼돈에 대한 정돈된 사유라고 정의할 수 있겠죠. 이 점에서 정신분석은 마르크스주의와 매우 유사합니다. 마르크스주의 또한 자본주의의 모든 혼돈을 구성하는, 격렬한 혼란과 만족시킬 수 없는 탐욕스러운 모순들 위에 근거한 집단적 실존을 명료하게 이해하고자 하니까요. 우리가 지금의 위기를 성찰하려면 라캉은 필수불가결한데, 왜냐하면 그가 이 혼돈 자체에서 어떤 내재적 질서를, 상징계의 지평과 연계된 참조틀을 재포착하려고 시도하기 때문입니다. 라캉의 사유에서 출발해 추정하자면, 지금 세계의 위기는 상징(계)의 위기라고 말할 수 있습니다. 따라서 모든 일련의 현상을 새로이 이해하는 데 라캉의 범주들을 동원할 수 있죠. 전통적 위계질서들의 최후, 돈의 지배, 늘 급박하고도 공허하게 이루어지는 온갖 물건들의 유통 같은 현상들 말입니다.

동시에, 자신의 욕망을 양보하지 말라는 윤리적 명령은 놀라우리만큼 시의성이 담겨 있죠. 사실 위기 국면에서 우리는 당황스러운 즉각성에 사로잡혀 휩쓸려간다는 느낌을 받습니다. 본래적 의미에서 이에 저항하려면, 우리 자신이 잠식되지 않도록, 되는대로 무분별하게 표류하지 않도록, 즉 자신의 욕망에서 물러서지 않도록, 굳은 의지를 가져야 합니다.

그러므로 오늘날 라캉의 기여는 이중의 중요성을 지닙니다. 우선 라캉은 상징(계)의 위기라는, 위기에 대한 명쾌한 구조적 이해를 제공합니다. 또한 라캉은 욕망하는 주체의 비환원성을 명확히 드러내는 데도 도움을 주죠.

라캉, 끝나지 않은 혁명

**루디네스코** 그와 같은 선상에서 저는 현재의 자본주의 체제를 전복할 수 있는 하나의 무기를 라캉에게서 보고 있어요. 통제할 수 없는 일탈에 사로잡힌, 민중도 주체도 없이 비인간화된, 금융 자본주의 말이에요. 이 광기에 대항해 라캉에게서 영감을 얻는 것은 질서 안에 무질서를 심는 일일 수도 있죠. 역사의 전환점이 무엇인가에 대한 모범적 텍스트인 「사드와 함께 칸트<sup>Kant avec Sade</sup>」(1963)[85] 읽기가 그것을 증언합니다. 여기서 동일한 문제틀의 상이한 두 측면이 관건임을 보여주기 위해 정언명령을 주이상스의 명령에 결부시키는 일, 이것은 현대사회의 상이한 두 측면인 과학주의와 몽매주의에 맞서 똑똑하게 분노할 수 있게 해줍니다.

영어권 세계에서 슬라보예 지젝[86]이나 주디스 버틀러[87] 같은 철학자들은 라캉을 거의 '페미니스트'나 반자본주의자로 내세워요. 프

---

85  나중에 『에크리』에 수록되는 이 논문에서 라캉은 칸트를 "전복의 전환점"으로, 사드를 "전복의 첫걸음"으로 표현한다. 코이레가 대상들의 유한한 전체를 탐구하던 아리스토텔레스의 자연학으로부터 무한한 가능세계를 기하학적 규칙으로 포섭하려는 근대 물리학으로의 이행을 갈릴레이에게서 보았다면, 라캉에게 칸트는 인간적 미덕들 위에 서 있던 아리스토텔레스의 중용의 윤리학을 주관의 초월적 형식에 기대는 보편성의 윤리학으로 이행시킨 인물이다. '네 의지의 준칙이 보편적 입법원리에 타당하도록 행동하라'는 정언명령이 단적으로 드러내는 칸트의 윤리는 라캉의 견해로는 보통의 인간들이 구현할 수 없는 것인데, 왜냐하면 이 윤리적 형식주의에서 그 대상이 모두 사상되어버리기 때문이다. 라캉은 『실천이성비판』에서 빠져 있는 이 대상이 실재(대상 a)에 연결됨으로써만 칸트의 윤리적 전환이 완성될 수 있다고 보았다. 한편 라캉에게 사드의 『규방 철학』은 위상학적 견지에서 표상 바깥에 있지만 표상 안에 있는 실재를 끊임없이 적중시키려는 초자아의 명령(주이상스)을 펼쳐보이는 소설이다. "이런 맥락에서 볼 때 사드가 칸트의 진리라면, 이는 칸트가 말한 것, 칸트의 언표는 바로 사드적 언표 행위로부터만 나올 수 있다는 것을 뜻한다. 칸트의 언표는 사드적 주체를 언표 행위의 주체로서 놓았을 때에만 가능하다는 것이다."(맹정현, 『리비돌로지』, 문학과지성사, 2009, 293쪽) 다른 책에서 루디네스코는 라캉에게 있어 칸트와 사드의 관계를 이렇게 요약한다. "라캉에 따르면 칸트의 도덕은 자유 이론이 아니라 대상이 억압되는 욕망의 이론에서 나왔다. 이러한 억압은 이어서 사드에 의해 '조명된다.' 따라서 향유[주이상스]를 요구하는 사드의 명령과 칸트의 정언명령은 대칭을 이루는 것이었다."(『자크 라캉 2』, 양녕자 옮김, 새물결, 2000, 120쪽)

랑스에서는 많은 정신분석가가, 다행히 다는 아니지만, 라캉을 언어유희와 알아들을 수 없는 말의 반복에 가두는 경향이 있고요. 그들은 자신들의 안락의자와 자신들이 통제하는 임상 사례들의 관점에서 세계를 재단하죠. 그들은 대략적으로 아주 '라캉적인' 사례들을 이야기해주는데, 이는 대개 저급한 문학을 만들어내게 됩니다. 게다가 그들은 라캉을 과거회귀적 가치들의 선봉으로 만들고 있어요. 그들은 '아버지의-이름'을 경직된 슬로건으로, '오이디푸스 콤플렉스'를 존중하지 않고 자기 아이들과 뒤섞인다고 비난받는 '나쁜 엄마들'의 만연에 대항해, 사회를 지키는 데 봉사하는 '상징적 법'의 구현으로 드높이고 있죠. 또 그들은 정치적으로 '중립'을 지킨다고 주장하면서 현대사회를 공격해요. 그들은 오른쪽도, 왼쪽도, 가운데도 아니죠.

그러니까 그들은 과학주의가 아니라 과학—예를 들어 인공수정—을, 아니면 너무 '혼잡스럽다'는 등의 이유로 동성애 커플과 미혼모, 자폐아의 어머니를 비난해요. '아이들의 행복'과 형제자매간에 필요한 균형을 위한다면서 이혼이나 불륜을 비난하는 정신분석가들이 내일이라도 나타나지 말란 법이 어디 있겠어요? 어쨌거나

---

**86** Slavoj Žižek(1949~ ). 슬로베니아 출신의 진보적 철학자. 류블랴나 대학에서 철학 박사학위를 받았고, 이어 파리8대학에서 자크알랭 밀레의 지도로 정신분석학 박사학위를 받았다. 마르크스와 헤겔 철학에 라캉 이론을 접목한 독창적 사상으로 세계적 명성을 얻었다. 다수의 라캉 해설서를 썼으며, 바디우 등과 함께 코뮌주의에 기반한 급진적 반자본주의 운동의 최전선에 있기도 하다.

**87** Judith Butler(1956~ ). 미국 출신의 대표적인 후기구조주의 페미니즘 이론가. 예일 대학에서 프랑스 철학에서의 헤겔 해석에 대한 논문으로 철학 박사학위를 받았다. 섹스sex와 젠더gender의 구분을 허무는 전복적 퀴어 이론으로 라캉을 비롯해 크리스테바와 푸코 등을 비판적으로 검토한 『젠더 트러블』로 영미 지성계의 아이콘이 되었다.

바로크적인 자유로운 사상가이자 통찰력 있는 보수주의자인 라캉을, 남근 몽둥이를 쥔 채 약간은 너절한 미덕을 내세우는 주인나리로 바꿔보려는 이러한 경향은 아주 이상한 것이죠. 이런 라캉이 저의 라캉은 아닙니다. 라캉에 대한 이런 시선을 바꾸려면 프랑스에서 어떤 혁명이 필요하다고 봐요. 한마디로 말해, "반동적 라캉은 노! 전복적 라캉은 예스!"입니다.

**고에메** 여러 가지 분석과 견해에 감사드립니다. 방청객 가운데 질문하고 싶은 분 계신가요?

**방청객** 라캉이 실존 문제에 기여한 바가 무엇인지 알고 싶은데요. 오늘날 우리의 구체적 실존, 그러니까 삶의 의미를 이해하는 데 라캉이 어떤 역할을 할 수 있을까요? 분명 라캉의 개념들은 전복적입니다. 그러나 그 전복성을 가늠하려면 라캉의 체계 안으로, 그 자기폐쇄적 언어 안으로 들어가야 하는데요. 이런 폐쇄성 때문에 실존의 관점에서는 그의 가르침이 아무 쓸모가 없을 것도 같거든요.

**바디우** 그 질문에서 쟁점은, 당신이 이해하는 실존이 정확히 무엇이냐는 겁니다. 이 토론에서 우리는 라캉에 있어 상징적 질서와 주체의 비환원성 원칙 사이에 있는 긴장에 대해 논의했죠. 우리가 그런 긴장을 상기시켰을 때, 그것이 실존 자체가 아니라면 과연 무엇일까요? 다른 지점에서도 저는 당신의 의견에 전혀 동의하지 않습니다. 왜냐하면 라캉의 언어는 절대로 자기폐쇄적인 것이 아니니까요. 오히려 그 반대로 라캉의 언어는 곳곳에 탈출구와 탈출로로 구멍나 있습니다. 그 언어는 자기만의 고유한 출구와 탈주 가능성을 내포한 하나의 미로와 같죠. 제 경우를 말하면, 라캉을 읽으면서 그가 저를 가둔다는 느낌은 전혀 없었습니다. 그의 체계에서는 더욱 덜 느꼈어요. 라캉의 사유는 결코 체계적으로 정렬할 수 없는 여러 층들로 구성되어 있습니다. 라캉은, 이것이 바로 그가 갖는 유용성인데, 복잡하고도 독특한 일련의 개념을, 때로는 흩어져 있고 때로는 연결되어 있는 이 개념들을, 널리 유통시키고 다루기 쉽게 만들었어요. 그런 개념들을 있는 그대로 취하거나 연결짓는 것은 읽는 사람의 자유이죠. 이 층에서 저 층으로 옮겨가는 것은 독자의 자유입니다. 라캉 스스로 자신이 창안한 것들을 대단히 자유롭게 사용할 수 있도록 보장해주었어요. 루디네스코 씨와 저는 라캉의 가르침을 활용하는 방법에 대해 숙고해보았습니다. 존재, 주체, 있는 것에 대한 라캉의 이해는 우리에게 유용합니다. 그런데 저는 있는 것에 대한 사유와 실존에 대한 사유 사이에 차이를 두지 않아요. 사실 질문하신 분의 물음 속에는 사유(질문자의 견해에 따르면 라캉 안에 갇힌 사유)와 실존의 대립이 철학적 배경으로 자리하고 있어요. 제게는 그 대립 자체가 아주 인위적으로 보입니다.

**방청객** 라캉은 프로이트의 정신분석을 진화시켰습니다. 라캉 사후에도 프랑스의 정신분석이 계속 발전하고 있다고 보시나요? 정신분석은 좋은 의미에서 현대화되었나요?

**루디네스코** 제 생각에 프랑스 정신분석 운동의 현재적 상황은 프랑스적 예외의 끝을 보여줍니다. 그 예외를 구현한 인물이 라캉이었고,

오늘날 라캉주의자들뿐 아니라 정신분석가들 모두가 힘든 상황에 처해 있어요. 선생을 잃은 애도기간에 있는 것이죠. 정신분석의 실천은 더이상 예전 같지 않아요. 그것은 규제와 강제적 학업과정에 의해 관리되는 하나의 직업이 되었습니다. 여러 기관에서 정신분석가로 일하고 싶으면 심리학 학위가 필요하죠. 이제 정신의학은 생물학에 초점을 맞추고 화학치료에 지배되기 때문에, 정신과의사들도 더는 정신분석으로 향하지 않아요.

프랑스의 정신분석 학파는 완전히 뒤죽박죽되어서, 국제적 차원에서 내놓을 만한 특별한 것이 더이상 없어요. 내부 분쟁을 겪었지만 그게 특별하진 않죠. 반면 러시아 모스크바에서는 십여 개의 관련 그룹과 더불어 정신분석이 확산되고 있어요. 아르헨티나 부에노스아이레스에도 많은 정신분석 그룹이 있죠. 브라질에서는 심리학 대신에 정신분석을 가르치고 있습니다. 게다가 십여 개의 협회들을 포괄하는 큰 규모의 국제협회도 네 개 이상 있죠. 그러나 이 모든 단체들에는 결핍된 것이 있어요. 영혼과 열정, 지적·정치적 참여 같은 것. 요컨대 창의성과 모험정신, 사유의 결핍이 보여요.

정신분석가들은 마음의 노동자가 되어버림으로써 지식인이기를 그만두었어요. 그들은 심리치료사 또는 심리적 고통을 돌보는 평범한 의사가 된 셈이죠. 정신분석이 그 어디에서도 인류학이나 역사, 문학, 그리고 철학처럼 독립된 학문분과로 대접받지 못하는 건 비극입니다. 그렇다고 과학—생물학이나 물리학 같은—인 것도 아니어서, 이제 정신분석은 대략 심리학의 한 갈래가 되었어요. 마치 정신분석을 세운 아버지들의 상속자들이 자신들의 소유로 생각하는 사적 분과인 것처럼 말이에요. 프로이트주의자들은 프로이트의 저작들이 자신들 것이라고 생각하고, 또 클라인주의자들은 멜라니 클라인[88]의 저작이 자기들 것이라고 생각하며, 라캉주의자들은 스승의 말과 그 참뜻을 이해하는 건 자기들뿐이라고 생각합니다. 달리 말해, 공적 공간과 대학에서 정신분석은 자기 고유의 정체성을 확립하지 못한 거예요. 다른 분과들은 그렇지 않죠. 다른 분과들은 더이상 그 창설자들의 소유물이 아니에요. 사회학은 더이상 에밀 뒤르켐[89]이나 그 계승자들에게 귀속되지 않아요. 사회학은 이미 널리 확산되었죠.

정신분석가는 심리학자나 영혼의 기술자, 심리치료사, 그러니까 학문적 연구에서 떨어져나간 단순한 임상의가 될 운명일까요? 정신의학이 신경과학에 재통합되는 상황에서 정신분석가가 정신과 의사를 대신하게 될까요?

정신분석 운동의 변화와 정신분석가의 '직업'으로의 변화를 비판하기 위해서, 분명 우리는 혼돈의 사상가인 라캉에게 기댈 수 있습니다. 정신분석적 사유에 대한 재평가는 이제 임상의를 통해서만이 아니라 임상 영역 바깥의 작업들을 통해서도 이루어져야 해요. 임상의들이 정신분석 학파의 교육적 치료를 수행하면서도 심리학 학위를 따야 치료기관에서 일할 수 있다면, 어떻게 그들이 고차원

---

**88** Melanie Klein(1882~1960). 오스트리아 태생의 영국 정신분석가. 아동 정신분석의 세계적 권위자로서 안나 프로이트와 더불어 영미 정신분석학계를 주도적으로 이끌었다. 국제정신분석협회IPA 내에서 안나 진영과 대논쟁을 벌이기도 했으며, 런던을 중심으로 독자적 학파를 이루었다.

**89** Emile Durkheim(1858~1917). 프랑스의 사회학자로, 『사회학연보』를 중심으로 뒤르켐 학파를 형성해 사회학 고유의 대상과 방법론을 확립했다. 마르크스, 막스 베버와 더불어 현대 사회과학의 기틀을 다진 인물로 사회학의 아버지로 불린다.

의 창의적 연구를 통해 양성될 수 있겠어요?

**바디우** 동감입니다. 저는 한 가지를 호소—그러지 않을 이유가 있겠어요?—하면서 마치고 싶습니다. 최근 프랑스에서는 정신분석에 대한 아주 과격하면서도 어처구니없는 공격들이 넘쳐나고 있어요. 이런 공격들은 지성에 대한 일반적 위협을 드러내는 것이죠. 아시다시피 정신분석만이 표적은 아닙니다. 도덕주의자들의 눈에는 '전체주의'라는 비인간성과 한 묶음으로 매도되는 마르크스도 날선 공격의 대상이죠. 다윈은 미국의 반동주의자들에게 공개적으로 모욕당했고요. 아인슈타인의 발견들을 다시 문제삼으려는 유혹도 있죠. 이 모든 공격은, 암묵적이든 명시적이든, 현대 지성의 다양한 모습들을 파괴하고 그 대신, 빠르고 편리한 만병통치적인 도덕주의 소스를 한껏 곁들인 기술적 부신물들로 대체하려는 야망을 지니고 있습니다. 정신분석적 사유뿐 아니라 정치적·과학적 사유를 평가절하하고 길들이려는 이런 의지에 대항해 일어서야 한다고 저는 단언합니다. 위험은 실재적이며 대단히 심각해요. 조르주 클레망소[90]의 잘 알려진 표현을 빌려서 돌려 말하자면, 우리는 정신분석에 대한 방어를 정신분석가들에게만 맡겨놓을 수 없습니다. 투쟁은 확산되어야 해요.

물론 자신들의 학문분과와 실천을 인정받기 위한 싸움인 만큼 정

---

90 Georges Clemenceau (1841~1929). 프랑스의 정치가이자 언론인, 의사. 드레퓌스 사건 때 자신이 창간한 신문 『오로르』를 중심으로 드레퓌스를 옹호하는 데 힘썼고, 에밀 졸라의 「나는 고발한다」를 신문 1면에 게재했다. 이후 상원의원, 내무장관을 지냈고 1차대전 때는 총리 겸 육군장관으로 전쟁을 승리로 이끌었다. "전쟁은 군인들에게 맡기기에는 너무나 중대한 일이다" 등 많은 명언을 남겼다.

신분석가들이 제일선에 서야겠죠. 그렇지만 루디네스코 씨가 지적한 직업화는 자기 길들이기의 위험을 초래하게 됩니다. 정신분석을 이 음울한 운명에 내던져서는 안 되죠. 그러려면 외부의 도움이 필요합니다. 실제로 정신분석에 대한 지금의 공격은 마르크스주의에 가해지던 것보다 더 위중해 보여요. 실상 내·외부의 논전은 마르크스주의 자체의 속성입니다. 반론과 대립은 그런 논전의 자연스런 일부이죠. 마르크스주의는 싸움을 전제로 하고 그것을 포함합니다! 오늘날 정신분석에서 벌어지는 일은 훨씬 더 위험하죠. 위기감이 최고조에 달했어요. 그도 그럴 것이 프로이트나 라캉을 뿌리뽑으려 한다는 것은 현대적 주체에 대한 이해 자체를 공격하는 것이니까요. 우리가 이 주체를 없애버린다면, 최악의 반동 이데올로기에 활짝 문을 열어주는 셈입니다.

제가 이렇게 공식적으로 호소하는 이유가 여기에 있어요. 우리 모두 정신분석을 지키기 위해 일어섭시다. ……정녕 지키고자 한다면 말이에요.

**루디네스코** 이런 호소에 어찌 응하지 않을 수 있겠어요? 저는 정신분석가들이 자신들의 영역을 제대로 지킬 줄 모르거나 그런 데 서툴다는 사실을 여러 차례 확인했기에 더더욱 기꺼이 부름에 응할 겁니다. 이는 제가 정신분석가들을 괜히 쏘아붙이는 말이 아니라 분명한 사실이에요. 그들은 유치한 수준의 반프로이트주의를 분석하고 거기에 맞서 싸우는 데 많은 어려움을 겪고 있어요. 그들은 반프로이트주의를 경멸하면서 더 좋은 날을 꿈꾸거나, "내가 활동하던 시절엔 더 좋았는데" 하는 식으로 과거의 향수에 젖어 지금의 시련에 대해서는 대개 '중립' 상태에 머물 뿐이거든요. 오늘날 프로이트에 대한 공격은 치졸하기가 이전과 다를 바 없지만, 인터넷 탓에 훨씬 더 확산되었어요. 서둘러 반격이 필요합니다. 그래요, 정신분석을 지키기 위해 결집해야 합니다. 이는 정신분석학계의 범위를 훨씬 뛰어넘어 힘을 모아야만 가능한 일이에요. 우리 모두와 관련된 문제임을 자각해야 합니다. 이것은 문명 차원의 문제니까요.

## 자크 라캉 연보

1901 4월 13일, 프랑스 파리의 가톨릭 상인 집안에서 태어난다. 엄격한 예수회 학교 콜레주 스타니슬라스에서 교육받는다. 1915년경 스피노자를 접한다.

1920 의과 대학에 입학한다. 얼마 뒤 정신의학을 공부하기 시작한다. 다다이즘과 초현실주의에 흥미를 느끼면서 동시에 샤를 모라스의 우익 단체 '악시옹프랑세즈' 모임에도 참가한다. 1923년경 프로이트 이론을 처음 접한다. 파리의 유명한 서점 '셰익스피어 앤드 컴퍼니'에서 열린 제임스 조이스의 『율리시스』 낭독회에 참석한다. 점점 종교와 멀어지면서 가족과 갈등을 겪는다.

1927 생탄 병원에서 정신과 임상 훈련을 시작한다.

1928 조르주 뒤마, 앙리 클로드, 가에탕 가티앙 드 클레랑보 등 당대 정신의학계의 대가들에게 배운다. 훗날 라캉은 클레랑보를 자신의 유일한 스승으로 인정한다.

1931 정신과의사 면허를 취득한다. '에메 사례' 분석. 이 사례가 박사논문의 중요한 모티프가 된다.

1932 논문 「인성과의 관계에서 본 편집증적 정신병」으로 의학 박사학위를 받는다. 라캉의 논문은 프랑스 정신분석 1세대에게 외면당한다. 대신 마르크스주의자들과 초현실주의자들의 찬사를 받는다. 그들에게 라캉은 정신분석과 마르크스주의를 통합할 인물로 비친다. 라캉은 스피노자나 현상학

에서 벗어나 유물론으로 관심을 돌린다. 프랑스 정신분석의 선구자 중 하나인 루돌프 뢰벤슈타인에게 분석을 받기 시작한다.

1933 고등실천연구원EPHE에서 알렉상드르 코제브의 '헤겔 독해를 위한 입문' 강의를 듣는다. (코제브 강의는 1939년까지 지속) 논문 「편집증적 범죄의 동기: 파팽 자매의 범죄」를 초현실주의 기관지 『미노토르』에 발표.

1934 마리루이즈 블롱댕과 결혼. 파리정신분석협회SPP 회원이 된다.

1936 생탄 병원에서 의사로 근무한다. 국제정신분석협회IPA 회의에 처음 참가해 '거울 단계'에 대한 논문을 발표하지만, 회장인 어니스트 존스에 의해 중단된다.

1939 조르주 바타유와 헤어진 실비아 바타유와 동거를 시작한다.

1940 발드그라스의 군 병원 등에서 근무하다 제대한다. 유대계인 실비아는 프랑스 남부로 피신한다. 전쟁 기간에 라캉은 아무런 글도 발표하지 않는다.

1941 마리루이즈와 이혼. 라캉과 실비아 사이에서 주디트가 태어난다. 주디트는 훗날 정신분석가가 되며 라캉의 후계자인 자크알랭 밀레와 결혼한다.

1946 SPP가 활동을 재개하면서 사샤 나흐트, 다니엘 라가슈 등과 함께 훈련 분석과 지도 감독의 책임을 맡는다.

1951 SPP 내에서 라캉의 '짧은 상담 시간'이 논란을 부른다. 라캉의 가변적인 상담 방식이 IPA에서 요구하는 표준화된 방식에 위배되기 때문이다. 또한 분석가 훈련 방식을 놓고 정통파인 나흐트 진영과 자유주의적인 라가슈 진영이 갈등을 빚는다. 이 무렵부터 라캉은 '프로이트로의 복귀'를 자신의 화두로 삼는다.

1953 라가슈, 프랑수아즈 돌토, 쥘리에트 파베부토니에 등이 SPP를 탈퇴해 프랑스정신분석협회SFP를 창설하고 라캉도 여기 합류한다. SPP 탈퇴로 IPA 회원 자격을 상실한다. SFP는 곧바로 재가입 교섭에 들어간다. 그들이 정통 프로이트주의와의 결별을 원한 것은 아니기 때문이다. 그러나 라캉의 분석 방식이 재가입에 걸림돌이 된다. '로마 강연' 및 논문 「상징계, 상상계, 실재계」 발표. 실비아와 정식 재혼. 생탄 병원에서 '세미나'를 처음 시작한다. 이 세미나는 라캉이 죽을 때까지 이어진다. '친족 관계의 구조' 등 클로드 레비스트로스의 논의를 빌려와 프로이트를 재해석하기 시작한다.

1956  장 이폴리트, 알렉상드르 코이레, 레비스트로스, 모리스 메를로퐁티, 마
르셀 그리올, 에밀 방브니스트 등 당대 저명한 지식인들이 세미나에 참여
한다. 하이데거의 「로고스」를 직접 번역해 『정신분석』 창간호에 싣는다.

1957  소르본 대학 문괴대 학생들을 위한 강언에서 「무의식 속에서 문자의 심
급, 혹은 프로이트 이후의 이성」 발표. 로만 야콥슨의 언어학에 영향을 받
아 '시니피앙 이론'을 정리한다.

1961~1963  IPA 내에서 라캉과 SFP 처리 문제를 둘러싸고 긴 협상이 진행된다. IPA가
라캉에게 문제삼는 것은 '가변적인 상담 시간'과 '분석수행자 수가 너무 많
다'는 점이다. 하지만 라캉은 자신의 방식을 고수한다. 1961년 IPA는 라캉
의 훈련 분석가 자격 박탈을 포함하는 '권고안'을 제출하고, 1963년 정식
채택된다. 라캉은 '파문'당한다. 돌토를 비롯한 많은 SFP 회원도 제명된
다. 논문 「사드와 함께 칸트」 발표.

1964  레비스트로스와 알튀세르의 도움으로 고등실천연구원에서 강좌를 연다.
첫 강연 주제는 '파문'이다. (『세미나 11』에 수록) SFP가 해산되고 라캉은
파리프로이트학교EFP를 세운다. 여기에는 SFP 출신들 외에도 미셸 드 세
르토, 코르넬리우스 카스토리아디스, 펠릭스 가타리, 뤼시 이리가라이 등
이 참여한다. 쇠유Seuil 출판사와 '프로이트의 장場' 시리즈를 출판하기로
계약을 맺는다. 『에크리』도 여기에 포함시키기로 한다. 고등사범학교ENS
에서 '정신분석의 네 가지 근본 개념'에 대한 세미나를 시작한다.

1966  『에크리』 출간. 라캉이 그동안 발표한 30여 편의 주요 논문을 묶어 펴낸 대
작이다. 처음 출판을 제안하고 편집을 맡은 이는 쇠유 출판사의 명편집자
프랑수아 발이다. 이 책은 학술서로서는 유례를 찾아보기 힘든 대중적 성
공을 거둔다.

1967  분석가 훈련과 선임을 위한 '통과' 절차 도입을 제안. EFP 내에서 논란이
생긴다.

1968  '프로이트의 장' 시리즈의 일부로 잡지 『실리세』 창간. 그러나 68혁명을
거치며 발행이 중단된다.

1969  '통과' 절차가 정식 승인되자 이에 반발해 장폴 발라브레가, 피에라 올라
니에, 프랑수아 페리에 등이 EFP에서 탈퇴한다. 그들은 '프랑스어권정신

분석회 OPLF'라는 제4의 그룹을 만든다. 고등사범학교 총장 로베르 플라셸리에르가 강의실을 비워줄 것을 일방적으로 통보한다. 장자크 르벨, 필리프 솔레르스, 쥘리아 크리스테바 등이 총장실을 점거하고 많은 지식인이 라캉을 지지하는 탄원서에 서명했으나 조치는 철회되지 않는다. 결국 팡테옹 법학부로 옮겨 세미나를 진행한다.

1973  '세미나' 시리즈 첫 책으로 『세미나 11』이 쇠유 출판사에서 출간된다. 라캉의 세미나를 글로 '확정'하는 일은 제자이자 사위인 자크알랭 밀레가 맡는다. 밀레는 '공저자'의 자격을 부여받는다. 『세미나 11』은 밀레가 처음 참석했던 1964년 세미나를 바탕으로 한 것이다.

1974  1969년에 세르주 르클레르가 세운 뱅센 파리8대학 정신분석학과 이름을 '프로이트의 장'으로 바꾸고, 라캉과 밀레가 책임을 맡는다.

1975  『세미나 1』과 『세미나 20』 출간.

1978  라캉은 점점 쇠약해진다. '위상학과 시간'에 관한 세미나에서는 강의 도중 말을 잇지 못한다. 이후 세미나 때마다 그런 침묵의 시간이 찾아온다. 『세미나 2』 출간.

1980  EFP의 해제를 선언한다. 그리고 자신과 뜻을 함께하는 이들을 다시 모아 '프로이트의 대의'라는 학교를 만든다. 결장암 진단을 받았으나 외과수술을 거부한다. 유산은 딸 주디트에게, 저작물에 대한 책임은 자크알랭 밀레에게 맡기는 내용의 유언장을 작성한다.

1981  9월 9일, 파리에서 생을 마친다. "고집스러웠던 저는 이제 갑니다." 라캉이 남긴 마지막 말이다. 『세미나 3』 출간. 40여 년간 이어온 라캉 세미나를 책으로 펴내는 작업은 라캉 사후에도 밀레 책임하에 이루어지고 있으며, 지금도 진행중이다.

# 라캉 혹은 주체의 혁명

## 현대사회의 방향 상실

알랭 바디우는 자본주의가 유일한 지평으로 제시되는 현대사회의 부드러운 억압의 한 방식으로 삶의 복잡화를 들고 있다. 바쁜 일상을 이어가다가 어느 순간 삶이 너무도 혼란스럽고 어렵게만 느껴질 때, 세계를 또렷이 이해하고 나름대로 삶의 방향을 재설정하기란 쉽지 않다. 현대의 철학적 저작들이 방향 상실을 경험한 독자들에게 자신과 세계를 이해하는 어떤 확실한 준거를 부여하는 일을 하나의 목적으로 설정하고 있다면, 대개 이 시도는 삶에 대한 이해를 단순화하기보다는 역으로 우리를 또다른 미로 속으로 밀어넣는 것이 사실이다. 철학자들의 대담집은 언뜻 난해하게만 보이는 그들의 저작들에 대한 명료한 안내서가 될 수 있다. 왜냐하면 본격적인 철학적 저작에 비해서 대담집은 말이 상대적으로 평이하고 복잡한 여러 문제들이 몇 가지로 걸러져서 전개되기 때문이다.

이 책은 소설가이며 극작가, 사건의 철학자인 바디우와 정신분석 사가이며 라캉의 전기로 유명한 엘리자베트 루디네스코가 2011년 라캉 서거 30주기를 맞아 나눈 두 번의 대담을 실은 것이다. 대담자들은 그들의 오랜 우정의 토대 위에서 한 사람의 선생으로서 인간 라캉의 면모를 각자가 맺었던 개인적 관계 속에서 서술하며, 라캉 사상의 주요 개념과 정치적 입장에 대해 말한다.

바디우와 루디네스코가 대학 시절을 보내고 지식인으로서의 행로를 고민하던 1960년대 프랑스는 정치적·사상적 혼돈의 장이었다. 정치적 이상으로서의 마르크스주의 혁명을 구현했다고 여겨지던 소련의 스탈린 체제는 전후 본격적인 냉전 시기에 접어들며 굴라크 집단수용소의 존재가 밝혀지고 주변 공산국가들에 행한 폭압적인 외교로 그 적나라한 모습을 드러냈다. 이상을 위한 폭력 사용을 놓고 벌인 사르트르와 카뮈의 저 유명한 논쟁이 본격적으로 시작되었고, 식민지였던 알제리 해방전쟁에 대한 견해 차이로 프랑스의 여론이 들끓었으며, 이를 계기로 재집권에 성공한 드골 정권은 68혁명 당시 낡은 권위주의의 상징으로 비난의 대상이 되었다. 그사이 소련의 일국사회주의를 수정주의라 비난하고 마르크스-레닌주의로 제3세계를 규합하려던 마오쩌둥의 중국에서는 문화혁명이 일어나 자본주의·제국주의·식민지주의에 대항하는 새로운 혁명의 운동을 내세웠으며, 이는 프랑스의 젊은이들과 지식인들의 열렬한 지지를 얻었다.

신의 죽음으로 표현되는, 보편적 진리와 절대적 권위의 상실이 단적으로 드러났던 이러한 상황에서 라캉의 사유는 이 두 지식인에게 어떤 역할을 수행했는가?

# 라캉의 주체: 불가능에의 시도

탈현대의 철학이 자아나 자기의식이라는 즉각적인 자명성 대신에 주체라는 말을 사용하는 것은 나란 무엇인가라는 실체적 물음 대신에 나는 어디에 있는가라는 관계론적 물음을 제기하기 때문이다. 신이나 세계, 영혼과 같은 이성의 무제약적 관념들로는 더이상 삶을 지탱할 수 없는 시대에 주체는 이러한 보편적 본질들이 개별화하여 나타나는 장소로서 기능하게 된다. 하이데거의 현상학과 사르트르의 실존주의는 우연적 사태로서의 실존의 무근거성과 무가치성을 개인의 결단으로 역설적으로 전복시켜 삶에 의미를 부여하려 하지만, 의식이라는 관념을 유지하는 이상 주체는 궁극적으로 주관적인 것으로 남을 수밖에 없었다. 친족관계에 대한 레비스트로스의 연구처럼 구조주의는 인간존재를 항들 사이의 위상학적 관계가 갖는 규칙들 속에서 바라봄으로써 규제적 원리로서의 객관적 이성에 대한 믿음을 지켜나가지만, 개별자로서의 나를 궁극적으로 어떤 하나의 전체에 포섭시켜 주체의 자유가 근거를 둘 수 있는 지점을 모호하게 만드는 것처럼 보인다.

바디우는 보편성과 개별성의 이러한 '양 극단의 충돌' 속에서 라캉이 수행한 주체 개념의 혁신을 강조한다. 그에게 라캉의 혁신은 프로이트의 정신분석에 소쉬르의 언어학적 성찰을 결부시킴으로써 현상학의 내밀한 경험성과 구조주의의 과학성 사이에서 주체 개념을 유지하려는 데 있다. 반면에 루디네스코는 정신분석계에서 라캉이 이루어낸 철학과의 소통에 주목하면서, 프로이트가 발견한 무의식이라는 신대륙의 항해술을 유사과학으로서의 자아심리학이나 행동주의로부터 구해내려는 노력을 강조한다.


## '프로이트로의 복귀': 자기와 자아

이 책에서 이루어지는 라캉에 대한 성찰들에서 니체가 말하는 자기
와 자아의 구분은 핵심적이다. 니체는 우리가 나라고 생각하는 자
아보다 훨씬 더 큰 어떤 이성인 '자기'에 대해 이렇게 말한다.

> 너희들은 '자아' 운운하고는 그 말에 긍지를 느낀다. 믿기지 않겠지
> 만 그 자아보다 더 큰 것이 있으니 너의 신체와 그 신체의 커다란 이
> 성이 바로 그것이다. 커다란 이성, 그것은 자아 운운하는 대신에 그
> 자아를 실행한다.
>
> 감각이 감지하고 정신이 깨치고 있는 것들은 결코 그 안에 자신의
> 목적을 지니고 있지 않다. 그런데도 감각과 정신은 너를 설득하여 저
> 들이야말로 바로 모든 것의 목적임을 믿도록 설득하려 든다. 이처럼
> 허황된 것들이 저들이다.
>
> 감각과 정신은 한낱 도구이자 놀잇감이다. 그것들 뒤에는 자기$^{das}$
> $^{Selbst}$라는 것이 버티고 있다. 이 자기가 감각의 눈을 도구로 하여 탐색
> 하며 역시 정신의 귀를 도구로 하여 경청하는 것이다.
>
> 자기는 언제나 경청하며 탐색한다. 그것은 비교하고, 강제하고,
> 정복하며 파괴한다. 이 자기가 지배하는 바, 자아를 지배하는 것도
> 그것이다.
>
> 형제여, 너의 생각과 느낌 배후에는 더욱 강력한 명령자, 알려지지

않은 현자가 있다. 이름하여 자기가 그것이다. 이 자기는 너의 신체 속에 살고 있다. 너의 신체가 자기인 것이다.[1]

철저히 자신을 통제하는 자아의 모습은 르네상스 시대의 교황이나 군주, 귀족의 초상화에서 볼 수 있다면, '자기'의 모습은 바로크 시대, 특히 카라바조의 인물들 표정에서 드러난다. 이들의 얼굴은 마치 절벽 끝이나 높은 건물 난간에 서 있는 사람들처럼 느닷없는 욕망이나 감정의 분출 혹은 죽음의 예감으로 일그러져 있다. 자아는 자기의 충분조건이지 그 역은 아니다. 우리의 자명한 정체성의 토대로서의 자아는 자기의 명령에 의해 끊임없이 생성되고 소멸되는 것일 뿐이다. 문제는 이러한 자기와 자아의 구분을 유지하면서 이성의 사용을 부정하는 몽매주의에 대립되는 계몽주의의 이상을 어떻게 유지할 수 있는가이다. 신체에 깃든 자아보다 더 커다란 이성, 이것이 라캉이 말하는 무의식의 주체, 시니피앙의 주체라면, 이 주체는 끊임없이 불안과 죽음에의 예감을 관통하면서 스스로를 더 커다란 이성에의 믿음으로 도약해야 한다.

'프로이트로의 복귀'라는 라캉의 슬로건은 프로이트 저작에 대한 독법의 갱신을 의미한다. 그에게 정신분석은 당시 주도적으로 받아들여졌던 것처럼 부르주아 사회에 적응하지 못하는 개인의 자아를 강화시켜 사회로 재편입시키려는 '힐링'을 목표로 하는 것이 아니라, 막다른 골목에 다다른 주체(피분석자)가 오로지 언어만을 통해 자신의 욕망을 올바로 대면하고 '자신의 욕망을 양보하지 않

---

1 프리드리히 니체, 『차라투스트라는 이렇게 말했다』, 정동호 옮김, 책세상, 2000, 51쪽.

도록' 돕는 역할을 수행해야 한다. 신경증을 강조한 프로이트와 정신병에 더 관심을 기울인 라캉의 차이는 바로 여기에 있다. 라캉의 관심은 억압이라는 어둠을 이성의 빛으로 인도하여 그것을 해소하는 데 있는 것이 아니라, 주체의 구성적 구조를 탐색하여 그 본질적 관계를 밝히려 한 것이다.

1920년대에 프로이트가 제시한 정신의 2차 지형학은 이러한 입장들의 전쟁터가 된다. 프로이트의 합법적 후계자인 안나 프로이트는 이드, 자아, 초자아라는 이 새로운 분할을 자신의 아버지가 다시 자아 이론으로 되돌아간 것으로 여겼고, 치료는 피분석자가 보이는 저항들을 분석하고 그의 에너지를 북돋우는 것으로 이해했다. 라캉은 이러한 이해가 프로이트 이론에 대한 오독이며 그 진의에 대한 은폐라고 끊임없이 공격했다. 그에게 2차 지형학이 의미하는 것은 자아의 상화가 아니라 근본석으로 타자의 남화라는 상싱세에 종속된 주체, 즉 구조적이고 구성적으로 분할된 시니피앙의 주체를 말하는 것이었다. 이러한 견해는 발생기의 정신분석에 토대가 되었으며 성숙기의 프로이트 사유에도 여전히 영향을 미치고 있던 생물학과 다윈주의, 신경학을 근거로 프로이트를 해석하려는 시도를 봉쇄한다. 라캉은 프로이트의 무의식을 초현실주의나 제임스 조이스의 작품 속 화자들과 유사한 시니피앙의 주체로 변모시킨다.

**'자신의 욕망을 양보하지 말라'**

하이데거에게 언어가 존재의 집이라면, 라캉에게 무의식은 욕망의 집이다. '무의식은 언어처럼 구조화되어 있다'라는 라캉의 표현이 말하는 것은 우리의 욕망은 언어에 의해 매개되며(은유), 그 속에서 끊임없이 미끄러진다(환유)는 의미다. 그에게 인간존재란 언어에 그 완벽한 욕구 충족을 저당잡히고 생겨나는 근원적으로 소외된 존재이다. 라캉이 인간을 어떤 근원적 결여로 특징짓는다면, 인간 동물이 주체로서 탄생할 때부터 타자의 명령은 운명처럼 우리를 지배하게 된다. 즉 주체는 우리가 몸을 갖게 되는 시점에 있는 것이 아니라, 이 몸이 모국어라는 언어망에 부딪히고 우리가 그에 고유하게 반응한다는 사태에 있는 것이다.

바디우는 라캉적 의미의 치료에 대해 이렇게 말한다.

> 라캉에게 분석의 최종 목적은 회복이 아니에요. 분석은 주체가 다시 스스로를 일으켜서 새로이 살 수 있는 실재의 지점에 도달해야 하죠. 그것은 운명으로 보이는 것을 굴절시키고, 주체의 능력들을 다시 열어젖히는 일입니다. ……그는 치료의 목적이 "무능을 불가능한 것으로까지 들어올리는 일"이라고 했죠. 불가능한 것이란 라캉적 의미에서의 실재, 즉 결코 상징화되지 않는 겁니다. 그러니까 분석이란 분석수행자가 느끼는 무기력한 애초의 상황(나는 실존의 냉혹함과 정체감에 사로잡혀 내 욕망에서 멀어져버렸다)을 타개하도록 하는 일로 간주되죠. 분석이 상상계라는 함정 속에서 질척대는 주체를 자신의 상징화 능력의 일부를 되찾을 수 있는 실재의 지점으로 이끈다는 점에서 말입니다. (39쪽)

코제브의 독특한 헤겔 해석에서처럼 주체가 근원적으로 결여된 것이라면, 이 결여는 대체로 주체를 지배하는 것으로 보이는 타자의 언어 자체에도 근원적인 것이다. 왜냐하면 타자의 언어 또한 실재라는 결코 상징화할 수 없는 미지의 것을 잠정적으로 조직한 결과일 뿐이기 때문이다. 라캉의 정신분석에서 우리는 이러한 본원적 결여의 지점으로서의 실재와 대면하게 된다.

주인으로서의 진정한 주체는 확고해 보이는 상징적 질서 내의 결여의 지점을 알아보고 이를 본원적으로 소실된 자신의 욕망에 연결시킬 때에만 존재한다. 의식의 견고한 요새가 느닷없이 틈을 보일 때 꿈이나 말실수, 실착행위 등의 증상으로 우리의 몸에 나타나는 무의식의 메시지들을 끊임없이 해석해나가야 하는 이유가 여기에 있다. 이러한 증상들이야말로 우리가 실재와 맞닿아 있다는 징표들이기 때문이다.

타자의 담화 안에 배회하고는 있지만 직접적으로 상징회될 수 없는 실재는 라캉의 논리화·형식화의 출발이다. 라캉은 비트겐슈타인의 말처럼 우리가 말할 수 없는 것에 대해 침묵해야 하는 것이 아니라, 실재가 언어로 적중되지 않기 때문에 우리가 끊임없이 말할 수 있다고 생각한다. 왜냐하면 실재는 형식화의 막다른 골목이기도 하지만 그것의 출발점이기도 하기 때문이다. 그것을 단번에 온전히 말로 옮길 수는 없겠지만, 최소한 우리는 우리가 실재와 조우했던 지점을 지시할 수 있고 표현할 수 있으며 끊임없는 갱신을 통해서 온전히 전달할 수 있다. 이것이 고대 그리스어의 어원적 의미('배움mathema')에 가까운, 라캉의 수학소가 의미하는 바이다. 칸토어의 초한수 이론과 프레게의 수 개념에 영감을 얻은 라캉의 논리적 형식화와 수학소의 근거는 실재가 일자를 운용하는 주체를 통해 무한히 조직될 수 있고 이러한 개별성의 경험은 보편적으로 전달될 수 있다는 믿음이다.

라캉의 가변적 분석 회기의 요점은 주체에게 운명을 강요하는 타자의 담화의 순환적 폐쇄성에 균열을 일으키고 주체를 개방시키는 데 있다. 진정한 시의 의미가 시작詩作에 쓰인 단어의 의미들의 종합이 아니라 그 의미들의 연쇄를 중단시키고 이를 터놓는 데 있는 것처럼 말이다. 중단은 시인을 통해 시 내부에 깃들게 된 말할 수 없는 언어로서의 공백과 여백을 발음해내기 위한 것이다. 횔덜린은 「소포클레스에 대한 언급들」에서 비극성에 대해 이렇게 말한다.

> 비극적인 것은 근본적으로 이러한 괴기스러운 것이다. 즉 어떻게 신과 인간이 짝짓기를 하고, 어떻게 모든 경계가 폐기된 상태에서 자연의 공포스러운 힘과 영혼의 숙명이 격정 속에서 하나가 되며, 또 어떻게 무한한 하나됨의 생성이 무한한 분할에 의해 순화됨으로써 이 괴기스러운 것이 파악될 수 있는지.[2]

여기서 괴기스러움이란 경계지우고 운명에 지배되는 인간이, 운명이 부여하는 경계를 모르는 어떤 신적인 것에 사로잡혀 빙의된 무당처럼 자신 안에 또다른 타자를 품고 있는 괴물 같은 존재로 변모함을 말한다. 이는 니체가 고대 그리스 비극의 영웅을 신과 인간의 중간자로 정의한 것과 일맥상통한다. 라캉에게 소포클레스의 안티고네는 이러한 비극적 인물상의 전형이다. 그녀의 위대함은

---

2 Friedrich Hölderlin, *OEuvres*, Gallimard, 1967, 957쪽.

뛰어난 지성의 걸출함이 아니라 경화된 외적 규범들의 명령에 저항하고 어느 순간 자신이 마주한 욕망을 양보하지 않는다는 것이다. 라캉의 윤리는 일상의 우리에게 일면 타인에게 증명해 보일 수 없는 자신의 욕망에 충실할 것을 요구한다.


## 라캉의 윤리에 대한 두 입장

라캉의 윤리를 실천하는 것에 대한 바디우와 루디네스코의 입장은 서로 다르다. 루디네스코는, 68혁명을 '일반화된 해방 의지가 아니라 반대로 좀더 잔인한 노예상태에 대한 저항자들의 무의식적 욕망이 표현된 것'으로 보는 라캉의 태도에서 알 수 있듯, 라캉이 말하는 자기 욕망의 수호가 결국에는 개인적 차원에 머문다고 본다. 라캉에게 "진정한 혁명, 유일하게 소망할 만한 혁명은 프로이트의 정식 분석"뿐이었으니 말이다. 우리나라 뉴라이트 운동을 주도하는 많은 이들이 운동권 출신이듯, 루디네스코는 넌지시 바디우처럼 라캉을 마오주의적으로 해석하는 많은 이들이 우파 자유주의로 돌아섰음을 상기시킨다. 그녀는 현실정치에 규범상태보다 우월한 국가이성을 도입하는 마키아벨리의 『군주론』이 군주의 자리에 절대군주를 위치시키느냐 민중을 위치시키느냐에 따라 정반대로 읽힐 수 있듯, 라캉의 사유가 담고 있는 형성력과 형태, 예외상태와 규범상태의 대립을 정치적으로 해석하는 것에 우려를 표한다.

반면 라캉의 주체 개념이 지니고 있는 모호성에서 '저항하는 것이 옳다'라는 마오주의 강령을 읽어내는 바디우는 이 개념의 정치적 함의에 대해 다음과 같이 말한다.

우리가 '법'과 아버지의 상징적 규정만을 고려한다면, 사실상 라캉을
반동주의자로 만드는 셈입니다. 반면에 우리가 무의식의 구조들에
사로잡혀 있긴 해도 자신의 욕망에서 물러서지 않는 지점에 도달한
주체의 경험에 방점을 찍는다면, 라캉은 해방의 사상가로서 나타납
니다. 그것이 바로 라캉의 가르침을 활용하는 저의 방식이죠. 해방
이, '법'을 비틀고 거기에 예외를 만드는 그런 움직임이 아니라면 무
엇이란 말입니까? 해방은 어떤 국지적 형상 속에서, 어떤 예외 속에
서, 정해진 질서 속에서는 거의 보이지 않는 어떤 균열 속에서 돌발하
는 겁니다. 사회 전체의 느닷없는 혁명이라는 관념은 의미가 없어요.
이런 관점에서 보면 라캉이 총체적 혁명이나 '위대한 저녁'을 믿지 않
는 보수주의자의 입장을 고수하는 것은 옳은 일이죠. 그렇지만 그는
주체의 실천적 해방을 독단적으로 폐기하는 것 또한 마찬가지로 단
호하게 비판합니다. (51-52쪽)

너무도 당연한 것으로 여겨지는 정상·규범상태 안에 기입된 '아
무것도 아닌 것의 기호'인 바디우의 사건은 '정해진 질서 속에서는
거의 보이지 않는 어떤 균열 속에서 돌발하는 것'인 라캉의 실재에
다름 아니다. 자명한 자기의식을 지닌 자아로서의 개체에 대한 관
점에서 주체를, 표상할 수 없는 이 실재와의 갑작스런 대면이 일으
키는 자기중심성의 파열의 자리로, 또 이 자리에 고유한 새로운 표
상의 불가능성으로서의 공백으로 본다는 점에서 바디우는 라캉과
입장을 같이한다. 그러나 바디우는 자신의 젊은 날 스승인 사르트

르가 그러했듯 이 공백의 주체가 지닐 수 있는 정치적 능동성을 더 강조한다. 그의 주체는 그에게 폭압적으로 부과되는 표상에 내재한 또하나의 공백, 즉 이미 확립된 질서체계를 부수어 새로이 조합하고, 현실 안에서 이를 구체적으로 조직해낼 수 있는 주체, '법을 비틀고 거기에 예외를 만드는' 해방의 주체인 것이다. 바디우가 수많은 논란의 여지에도 불구하고 레닌과 마오쩌둥 등 현대의 잊혀진 혁명가들을 되살려내는 이유가 바로 여기에 있다.

당신은 라캉이 불러일으킨 주체의 혁명을 정녕 어떻게 받아들일 것인가?

# 찾아보기

알랭 바디우Alain Badiou

1937년 모로코 태생으로, 프랑스를 대표하는 참여 지식인이자 좌파 철학자. 처음에 사르트르주의자였으나 고등사범학교 시절 알튀세르를 만나 제자가 되며, 동시에 라캉에게서도 지적 자극을 받는다. 68혁명을 전후로 마오주의 운동에 투신했다가 1980년대부터 본격적인 철학 저술을 시작한다. 『주체 이론』(1982)은 라캉의 주체 개념에서 영향받은 저술이며, 주저 『존재와 사건』(1988)은 전통의 존재론을 수학적 존재론으로 이행시키고 여기에 주체를 관통하며 주체에 의해 선언되는 사건을 연결한다. 그 밖에 『철학을 위한 선언』(1989), 『사도 바울』(1998) 등의 철학서와 다양한 정치 시론, 여러 편의 소설과 희곡을 썼다. 파리8대학과 고등사범학교 교수를 지냈다.

엘리자베트 루디네스코Elisabeth Roudinesco

1944년 프랑스 파리 태생의 정신분석학자이자 역사학자. 1969년 라캉의 파리프로이트학교EFP에 참여해 1980년 EFP 해체 때까지 라캉 곁을 지켰다. 라캉 사후 프랑스의 정신분석 역사를 집대성한 『프랑스 정신분석사』(1권 1982, 2권 1986)를 썼고, 라캉 전기 『자크 라캉』(1993)에서는 라캉을 중심으로 20세기 중반 프랑스 지성계의 풍경과 정신분석계의 분열상을 생생하게 기록했다. 그 밖에 『왜 정신분석인가?』(1999), 『정신분석 사전』(1997), 『테루아뉴 드 메리쿠르: 프랑스혁명기의 한 멜랑콜리한 여성』(1989) 등을 펴냈다.

옮긴이 현성환

성균관대학교 불어불문학과를 졸업하고, 파리8대학에서 석사 및 박사준비과정을 마쳤다. 벤야민과 보들레르를 연구했으며, 바디우의 『사도 바울』과 볼테르의 『캉디드』를 우리말로 옮겼다. 현재 바타유의 『주권』을 번역하고 있다.

# 라캉, 끝나지 않은 혁명

**초판 1쇄 발행** 2013년 6월 15일

**초판 2쇄 발행** 2017년 1월 13일

지은이 알랭 바디우··엘리자베트 루디네스코 | 옮긴이 현성환

펴낸이 염현숙

책임편집 김영옥 | 편집 고원효 송지선

디자인 장원석 | 저작권 한문숙 김지영

마케팅 정민호 이연실 정현민 김도윤 양서연 | 홍보 김희숙 김상만 이천희

제작 강신은 김동욱 임현식 | 제작처 영신사(인쇄) 경일제책(제본)

펴낸곳 (주)문학동네

출판등록 1993년 10월 22일 제406-2003-000045호

주소 10881 경기도 파주시 회동길 210

전자우편 editor@munhak.com | 대표전화 031)955-8888 | 팩스 031)955-8855

문의전화 031)955-1933(마케팅), 031)955-1905(편집)

문학동네 카페 http://cafe.naver.com/mhdn

ISBN 978-89-546-2164-9 03160

* 이 도서의 국립중앙도서관 출판시도서목록(CIP)은 e-CIP홈페이지
  (http://www.nl.go.kr/ecip)와 국가자료공동목록시스템(http://www.nl.go.kr/kolisnet)에서 이용하실 수 있습니다.(CIP 제어번호 : CIP2013007738)

www.munhak.com